ドラマ「シェフは名探偵」公式レシピ・ブック
原作：近藤史恵［『タルト・タタンの夢』、『ヴァン・ショー
をあなたに』、『マカロンはマカロン』］

Bistro Pas Mal

ビストロ・パ・マルの
レシピ帖

小川奈々

東京創元社

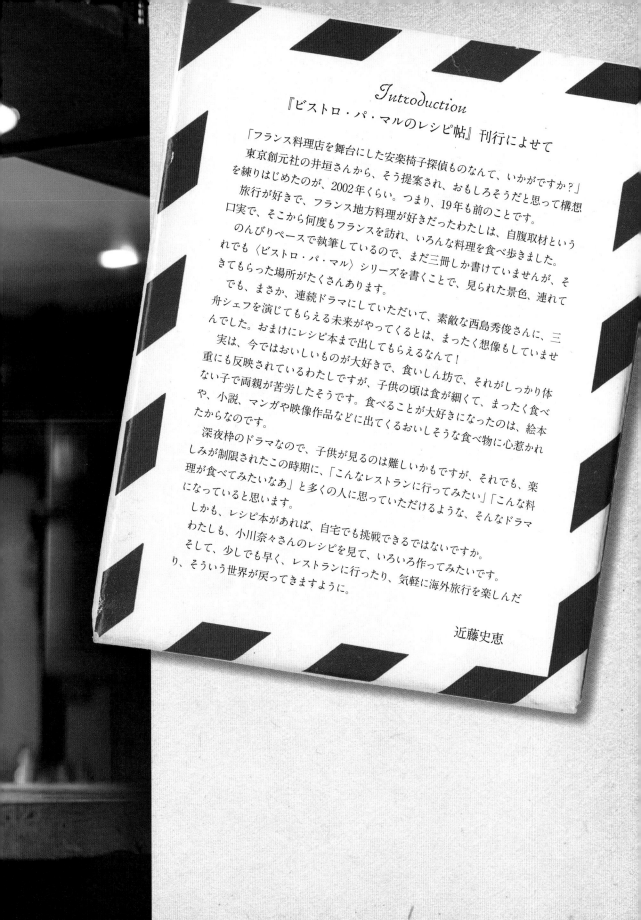

Introduction
『ビストロ・パ・マルのレシピ帖』刊行によせて

「フランス料理店を舞台にした安楽椅子探偵ものなんて、いかがですか?」東京創元社の井垣さんから、そう提案され、おもしろそうだと思って構想を練りはじめたのが、2002年くらい。つまり、19年も前のことです。

旅行が好きで、フランス地方料理が好きだったわたしは、自腹取材という口実で、そこから何度もフランスを訪れ、いろんな料理を食べ歩きました。のんびりペースで執筆しているので、まだ三冊しか書けていませんが、それでも〈ビストロ・パ・マル〉シリーズを書くことで、見られた景色、連れてきてもらった場所がたくさんあります。

でも、まさか、連続ドラマにしていただいて、素敵な西島秀俊さんに、三舟シェフを演じてもらえる未来がやってくるとは、まったく想像もしていませんでした。おまけにレシピ本まで出してもらえるなんて!

実は、今ではおいしいものが大好きで、食いしん坊で、それがしっかり体重にも反映されているわたしですが、子供の頃は食が細くて、まったく食べない子で両親が苦労したそうです。食べることが大好きになったのは、絵本や、小説、マンガや映像作品などに出てくるおいしそうな食べ物に心惹かれたからなのです。

深夜枠のドラマなので、子供が見るのは難しいかもですが、それでも、楽しみが制限されたこの時期に、「こんなレストランに行ってみたい」「こんな料理が食べてみたいなあ」と多くの人に思っていただけるような、そんなドラマになっていると思います。

しかも、レシピ本があれば、自宅でも挑戦できるではないですか。わたしも、小川奈々さんのレシピを見て、いろいろ作ってみたいです。

そして、少しでも早く、レストランに行ったり、気軽に海外旅行を楽しんだり、そういう世界が戻ってきますように。

近藤史恵

Table des matières

♠アミューズと前菜 Amuse-bouche et Entrées♣

Amuse-bouche

あさりと枝豆のジュレ……8

ドライフルーツとラム酒風味クリームのカナッペ……8

ゴルゴンゾーラ・ムース……10

オリーブのパネ……10

Entrées

ナッツ入りの田舎風パテ……12

スモークサーモンとグレープフルーツのサラダ……14

アスパラガスのビスマルク風……16

温製シェーブルのサラダ……18

フォアグラのテリーヌ 洋梨と白みそ、柑橘風味……20

フォアグラのポワレ 大根のキャラメリゼ添え……22

カリフラワーのポタージュ……24

ズッキーニとかにのお菓子仕立て……26

Spécialité

ヴァン・ショー……28

Entrées

ブランダード……30

サーモンのグリビッシュソース……32

ピペラード……34

スープ・オ・ピストゥ……36

ポワロー・ヴィネグレット……38

ラタトゥイユ……40

ピサラディエール……42

ビストロ・メニューの選び方……44

♠主菜 Plats♣

鴨のポワレ カカオと赤ワインのソース……46

鶏肉のフリカッセ……48

仔羊のロースト スパイス風味……50

豚肉の煮込み トマト風味……52

豚足のガレット……54

鴨のコンフィ じゃがいものソテー添え……56

カスレ……58

Spécialité

コンフィ……60

ブイヤベース……62

鮮魚のポワレ オレンジ風味のブール・ブランソース……64

仔羊と春野菜の煮込み……66

仔羊のカレーソース……68

鴨もも肉のポトフ……70

ベッコフ……72

牛肉のドーブ……74

ミロントン……76

フロマージュの楽しみ方……78

♠デザート Desserts♣

コンポート……80

イル・フロタント……82

タルト・オ・ショコラ……84

マカロン・ダミアン……86

フラン・パティシエ……88

タルト・タタン……90

ガレット・デ・ロワ……92

ビストロ・パ・マル スタッフ表……94

近藤史恵先生の描く世界観に、ドラマ版の三舟シェフのイメージを盛り込みながら、
〈パ・マル〉のお料理を、試行錯誤しながらも作ることは、とても楽しかったです。
撮影中は、俳優陣の皆さまと常に一緒の空間でしたので、そのあたたかで、
楽しい雰囲気を、そのままお料理にも反映できたように思います。
原作ファンの方にも、ドラマで初めて〈パ・マル〉を知った方にも
「こんなお料理が食べられる、気軽に行けるビストロがあったらいいなあ……」
そんなふうに思っていただけたら、嬉しく思います。
ぜひ、このレシピ帖を片手に、おうちビストロ〈パ・マル〉を開店していただけたら、
幸いです。

著者　小川奈々

●掲載レシピについて

・本書に掲載しているレシピは、〈ビストロ・パ・マル〉シリーズの『タルト・
　タタンの夢』『ヴァン・ショーをあなたに』『マカロンはマカロン』（いずれ
　も創元推理文庫刊）、ドラマ「シェフは名探偵」（テレビ東京）に登場した
　ものをベースに、家庭向けにアレンジしたオリジナルです。

●レシピの表記について

・大さじ1は15㎖、小さじ1は5㎖、1カップは200㎖（㎖＝cc）です。
・適量とは、そのときの水分や塩分、好みに応じて調整した量のことです。
・適宜とは、必要であれば（または好みに応じて）使用することです。
・少々とは親指と人差し指でつまむ程度の量、ひとつまみは、親指と人差し
　指、中指でつまむ程度の量です。
・肉や野菜などは個数や枚数で表記していますが、レシピによっては、正味
　分量を目安として記載したり、併記したりしている場合があります。
・材料は作りやすい分量で紹介しています。好みで調整してください。
・塩は1ミリ大の結晶タイプを使っています。
・バターは指定のない場合、有塩のものを使っています。
・砂糖は指定のない場合、グラニュー糖もしくは上白糖です。
・こしょうはすべて黒こしょうを使っています。
・乾燥ハーブは、乾燥ハーブミックス、もしくはオレガノ、バジル、タイム
　などを使っています。
・フライパンはすべてフッ素樹脂加工を使っています。
・火加減について指定のない場合、中火で調理してください。
・電子レンジは600Wの場合の加熱時間を記載しています。
・オーブンの加熱時間は使用機種によって違う場合があります。様子を見て
　調整してください。

アミューズと前菜

Amuse-bouche et Entrées

アミューズは、食事を始める前のお楽しみの一品のこと。
一口で食べられ、見た目も華やかなものが多く、
家庭ではちょっとしたおもてなしにぴったりです。
前菜は、主菜への食欲をそそる一皿。
野菜を多く使ったサラダやスープなど、
主菜の付け合わせとしても使えます。

あさりと枝豆のジュレ
Gelée de palourdes et édamamé

あさりのだしで作る、目にも涼しいジュレ。手軽な材料で作れる初夏にぴったりの一品です。

♠ 材料

6人分
あさり…150g
枝豆（ゆでたもの）…正味100g
にんにく（みじん切り）…1かけ
オリーブ油…大さじ1
白ワイン…50㎖
塩…適量
粉ゼラチン…5g
A
┌ レモン汁…小さじ1
│ レモンの皮（すりおろし）…小さじ1
└ ディル（みじん切り）…適量
ディル、ピンクペッパー（粒）、レモンの皮
　（すりおろし）…適量

♣ 作り方

1 フライパンにオリーブ油を熱し、にんにくを入れて香りが立ってきたら、砂抜きしたあさり、白ワインを加える。蓋をして沸騰させ、あさりの口が開くまで火を入れる。

2 ボウルにざるをセットし、あさりとだしを分ける。あさりは殻をむき、身を取り出し、飾り用に6個取り分けておく。枝豆もさやから出し、飾り用に少し取り分けておく。

3 あさりのだしは水を加えて350㎖にし、小鍋で温め、塩で味をととのえる。火を止めて粉ゼラチンを加え、よく混ぜて溶かし、氷水にあてる。とろみがついてきたら、あさりと枝豆を加えて冷蔵庫で冷やし固める。

4 Aを加えて混ぜ合わせる。器に盛りつけ、飾り用のあさりと枝豆、ディル、ピンクペッパー、レモンの皮をのせる。

ドライフルーツとラム酒風味クリームのカナッペ
Canapés de fruits secs à la crème sure saveur de rhum

ラム酒がほんのり香るクリームのカナッペ。リッチな味わいですが、
サワークリームの酸味とカリッと焼いたパンで軽やかな食感です。

♠ 材料

10枚分
バゲット、またはライ麦パン…適量
煎りくるみ、ドライクランベリー、ドライ
　いちじく…各20g（そのうち各10粒は飾
　り用に取り分けておく）
サワークリーム…45㎖
ラム酒…小さじ2
フルール・ド・セル（粒の大きめの塩で代用
　可）…適量
はちみつ…適宜

♣ 作り方

1 バゲットは3～5mm厚さに10枚切り、トースターで軽く焼いておく。

2 くるみは粗く刻み、ドライクランベリー、ドライいちじくは1cm角にカットする。ボウルに入れ、サワークリームとラム酒を加え、混ぜ合わせる。

3 バゲットに［2］をのせ、フルール・ド・セルを少々ふり、飾り用のくるみ、ドライクランベリー、ドライいちじくを飾る。お好みではちみつをかける。

ゴルゴンゾーラ・ムース

Mousse de gorgonzola

クセのある青かびチーズのゴルゴーンゾーラをふんわりとしたムースに。
はちみつと黒こしょうはチーズの旨みを引き立てる名脇役です。

♠ 材料

5〜6人分
ゴルゴンゾーラ・ドルチェ…50g
牛乳…50mℓ
塩…ふたつまみ
粉ゼラチン…小さじ1と1/2
生クリーム…100mℓ

[仕上げ]
バゲット…適量
オリーブ油…適量
ラディッシュ…1個
はちみつ、黒こしょう(粒)、セルフィーユ
…各適量

♣ 作り方

1 小鍋に小さく切ったゴルゴンゾーラ・ドルチェと牛乳、塩を入れ、火にかけてゴルゴンゾーラを溶かす。溶けたら火をとめる。粉ゼラチンは水・大さじ1(分量外)でふやかし、電子レンジで20秒熱して溶かし、鍋に加えて混ぜる。ボウルに移し、氷水にあててとろみがつくまで冷やす。

2 別のボウルに生クリームを入れ、八分立てに泡立てる。[1]に1/3ほど加えて泡立て器で混ぜ、なじませたら残りを加え、ゴムベラでさっくり混ぜる。器に入れて冷蔵庫で冷やし固める。

3 薄切りにして斜め半分に切ったバゲットにオリーブ油を塗って180℃に熱したオーブンでカリカリに焼く。ラディッシュは薄切りにし、水にさらす。黒こしょうは粗く刻む。

4 [2]にはちみつをかけ、[3]とセルフィーユを飾る。

オリーブのパネ

Olives panées

食欲をかき立てるグリーンオリーブは、揚げ衣をつけて愛らしいアミューズに。
アペロのおつまみにもぴったり。

♠ 材料

12個分
グリーンオリーブ(種抜き)…12粒
薄力粉…大さじ2
卵…1個
乾燥パン粉(細目)…適量
揚げ油…適量
レモンの皮(すりおろし)…適量
チリパウダー…適量

[ソース]
マヨネーズ…大さじ1
レモン汁…少々
にんにく(すりおろし)…耳かき1杯程度

♣ 作り方

1 ソースを作る。マヨネーズ、レモン汁、にんにくをよく混ぜる。

2 グリーンオリーブはキッチンペーパーで水気をとり、薄力粉、溶き卵、パン粉の順に衣をつける。180℃の揚げ油できつね色になるまで揚げる。
＊パン粉は細目のざるを使ってさらに細かくすると食感がよく、仕上がりも美しい。

3 器に盛り、ソースを添えて、レモンの皮とチリパウダーをソースの上に飾る。

ナッツ入りの田舎風パテ

Pâté de campagne aux noix

パテ・ド・カンパーニュはビストロの定番メニュー。肉やレバーをミンチにして型に詰め、
オーブンで湯せん焼きにする料理です。ドライフルーツ、くるみなど変化に富む食感とフレーバーが肉だねの
コクとともに味わえます。手間は少しかかりますが、家庭で作ってもおいしく仕上げることができます。

> 豚肉や、鶏のレバーを粗く挽き、あえて
> 野趣あふれる味に仕上げたパテは、
> 〈パ・マル〉のスペシャリテのひとつである。
>
> ……出典……
> 「共犯のピエ・ド・コション」
> 『マカロンはマカロン』

♠ 材料

**長さ20cm×幅7cm×高さ6cmの
　型1台分**

鶏レバー…50g
鶏ハツ…30g[※1]
牛乳（臭みとり用）…適量
玉ねぎ…1/2個
ドライフルーツミックス[※2]…50g
煎りくるみ…50g
ブランデー…50㎖
生パン粉…20g
牛乳…50㎖
鶏むねひき肉…150g
豚ひき肉…150g
塩…小さじ1と1/2
こしょう…適量
乾燥ハーブ…小さじ1
卵…1個

[付け合わせ]
野菜のピクルス…適宜
粒マスタード…適宜

※1 鶏ハツは手に入らなければ使わずに分量増
　　減なしで作ってOK。

※2 ドライフルーツミックスはミックスでなく1
　　種類でもOK。

♣ 作り方

1 鶏ハツは半分に切って中の血管を取り除き、鶏レバーとともに牛乳をひたひたにして10分ほどおき、臭みをとる。水でよく洗い、水気をとったら、鶏ハツは粗めに刻み、鶏レバーは包丁で叩いてペースト状にする。

2 玉ねぎはみじん切りにする。ドライフルーツミックスとくるみはブランデーに10分漬ける。パン粉は牛乳と合わせておく。

3 ボウルに鶏ひき肉、豚ひき肉、[1]、[2]を入れ、塩、こしょう、乾燥ハーブを加え、手でよく練る。全体が混ざって粘りが出たら、さらに卵を加えて練る。

4 型にバター（分量外）を塗り、オーブンペーパーを敷く。[3]を型に入れ、アルミホイルで蓋をする。

5 バットに[4]を置き、沸騰したお湯をバットに張る。バットごと180℃に熱したオーブンに入れ、30分湯せん焼きする。さらにアルミホイルをとって30

分湯せん焼きし、表面に焼き色をつける。粗熱をとったら型ごと冷蔵庫で一晩おく。
＊オーブンの天板の縁に高さがある場合は、バットを使わず、直接天板にお湯を張ってもよい。

6 [5]の型から取り出し、食べやすい厚さに切って器に盛る。お好みで付け合わせを添える。

*un petit
conseil*

パテは1～2日たって
味がなじんでからが
食べ頃です。

スモークサーモンと
グレープフルーツのサラダ

Salade de saumon fumé et pamplemousse

グレープフルーツの爽やかな酸味とほのかな苦味は、スモークサーモンと好相性。
味を引き立ててくれるソースは、カレー粉とはちみつが隠し味。スモークの風味と相まって
爽やかながらコクのある味わいが楽しめます。美しい色合いが目にも楽しいサラダです。

> ピンクのグラデーションが美しく、
> テーブルに置いたときに歓声のあがる一皿だ。
> ……出典……
> 「ヴィンテージワインと友情」
> 『マカロンはマカロン』

♠ 材料

2〜3人分
スモークサーモン（大きめ）…6枚
グレープフルーツ※1…1個分
チコリ…3枚
ラディッシュ…1個
黒こしょう（粗びき）…少々
ハーブ※2…適量

[ソース]
A
　レモン汁…大さじ1
　塩…ふたつまみ
　こしょう…少々
　はちみつ…小さじ1/2
　カレー粉…小さじ1/2
オリーブ油…大さじ1
サラダ油…大さじ1

※1 グレープフルーツは彩りのためルビーとホワイトの2種類を使用。
※2 ハーブはマイクロハーブ、ディル、セルフィーユなどを使用。

♣ 作り方

1 ソースを作る。ボウルにAを入れて混ぜ、オリーブ油とサラダ油を加え、泡立て器で乳化するまで混ぜる。

2 グレープフルーツは皮をむき、カルチエ切り(*)と呼ばれる方法で房とりしながら薄皮をはぐ。手で薄皮を取り除いてもよい。
＊フランス式薄皮のとり方。皮をむいたグレープフルーツのヘタ側と底側を切り落とす。1房めは薄皮の内側にV字にナイフを入れて房とりする。2房めからは、房の左側の薄皮の内側にナイフを入れ、ナイフを右にすべらせて実を離す。

3 チコリは食べやすい大きさに切る。ラディッシュは薄い輪切りにし、水に10分さらす。

4 器にスモークサーモンとグレープフルーツ、[3]を盛る。ソースをかけ、黒こしょうを全体にかける。仕上げにハーブをちぎって飾る。

un petit conseil

ソースは作りやすい分量で
紹介しているので、
少し多めにできあがります。
余ったソースは、
グリーンサラダや
蒸し魚などに使うのが
おすすめ。

アスパラガスのビスマルク風

Asperges à la Bismarck

ビスマルク風とは、目玉焼きを添える料理のこと。なかでもアスパガラスと合わせるのが代表的です。
アスパラガスは通年食べられますが、春から初夏にかけた旬の時期にはぜひ食卓へ。
食感がやわらかく、ほのかな甘味があるホワイトアスパラガスを使うのもおすすめです。

> 上に目玉焼きとパルミジャーノをのせ、
> 目玉焼きを崩しながらアスパラガスに
> 絡めて食べる。—中略—
> 旬のアスパラガスはシンプルに、
> というのがシェフの持論なのだ。
>
> …… 出典 ……
> 「青い果実のタルト」
> 『マカロンはマカロン』

♠ 材料

作りやすい分量

グリーンアスパラガス（太めのもの）
…5〜6本
オリーブ油…大さじ1/2
岩塩、またはフルール・ド・セル
…ふたつまみ
こしょう…少々
卵…1個
パルメザンチーズ…適量

♣ 作り方

1 アスパラガスは、根本から1/3ほどの硬い皮をピーラーでむく、根本1cm分は切り落とす。

2 フライパンにオリーブ油を熱して、アスパラガスを途中でひっくり返しながら、中火で3〜4分焼く。焼き色がついたら器に盛り、岩塩とこしょうをふる。

3 ボウルにざるをセットして卵を割り入れ、白身の水っぽい部分を除く。フライパンにオリーブ油少々を熱し、ざるからそっと卵をすべらせ、蓋をせず弱火で半熟に焼く。

4 [1] の上に目玉焼きをのせ、すりおろしたパルメザンチーズをお好みの量かける。

17

温製シェーブルのサラダ

Salade de chèvre chaud

ハーブの緑とシェーブルチーズの白のコントラストが映え、ボリュームのある一品。
ビストロはもちろん、カフェでもよく見かけるチーズの国らしいサラダで、シェーブルチーズの中でも
クロタンを使うのが一般的。温かいチーズをくずしながらバゲットや野菜と一緒にいただきます。
夏場なら、キリッと冷えた辛口の白ワインと合わせたい。

> シェーブルのサラダも、爽やかなハーブと
> オーブンで焼いたクロタンの濃厚な味が
> 調和した、人気メニューのひとつである。
>
> ……出典……
> 「マドモワゼル・ブイヤベースにご用心」
> 『ヴァン・ショーをあなたに』

♠ 材料

2皿分
シェーブルチーズ(円柱タイプ)…適量
バゲット…適量
ミニトマト…4個
ビーツ(またはラディッシュ)…適量
りんご…1/8個
くるみ…大さじ2
サラダ(ハーブサラダなど)…適量

[ソース]
A
　バルサミコ酢…大さじ1
　塩…ふたつまみ
　こしょう…少々
　はちみつ…小さじ2
オリーブ油…大さじ1
サラダ油…大さじ1

♣ 作り方

1 ソースを作る。ボウルにAを入れ、泡立て器でよく混ぜる。オリーブ油、サラダ油を加え、乳化するまで混ぜる。

2 ミニトマトはヘタをとり、半分に切る。ビーツはスライサーで薄切りに、りんごは皮つきのまま4cm長さの拍子切りにする。くるみはフライパンで軽く煎り、粗く刻む。

3 シェーブルチーズ、バゲットは、1cm厚さに6枚ずつ切る。バゲットの上にシェーブルチーズをのせ、200℃に熱したオーブンで表面に焼き色をつける。

4 サラダは食べやすい大きさにちぎり、冷水にさらす。シャキッとしたら水気をきり、器に盛る。[2]を散らし、[1]のソースを回しかける。[3]をのせ、シェーブルチーズが温かいうちにいただく。

フォアグラのテリーヌ
洋梨と白みそ、柑橘風味

*Terrine de foie gras avec poire
aux zestes d'agrumes et miso blanc*

濃厚なフォアグラの風味をあますことなく味わえるのがテリーヌです。焼いたバゲットの上にのせると、
フォアグラがすーっと溶け出し、なめらかで極上の食感が楽しめます。
甘いものを合わせるとおいしさが引き立つので、洋梨を甘めの白みそであえたものを添えています。

> 自家製のフォアグラのパテを、表面だけさっと温める。
> 一緒に添えるのは、豪快にも網で焼いたバゲットだ。
> ―中略―
> 〈パ・マル〉のフォアグラ料理の中で、
> いちばん人気があるメニューだった。
>
> …… 出典 ……
> 「ぬけがらのカスレ」
> 『タルト・タタンの夢』

♠ 材料

**長さ18～20cm×幅7cm×高さ6cmの
型1台分**
生フォアグラ[※1]…500～600g
塩…小さじ1（フォアグラの1%）
ポルト酒（またはマデラ酒）…大さじ2

[洋梨の白みそあえ]
洋梨（大）[※2]…1/2個
白みそ…小さじ2
レモン汁…小さじ1
柑橘の皮（すりおろし）[※3]…1/2個

[付け合わせ]
黒こしょう（粒）、柑橘の皮（すりおろし）、
パンの薄切り…各適量

※1 インターネットで冷凍を購入できる。
※2 洋梨は缶詰や桃で代用してもよい。
※3 ゆずやレモン、ライム、すだちなどがおすす
　め。写真は青ゆず。

♣ 作り方

1 フォアグラは常温に戻す。割れ目に
沿ってふたつに手で割る。バットに
広げ、身を開くときに出てくる血管をペティ
ナイフなどを使って取り除く。血管をと
ったら、表面に塩とポルト酒をふる。
＊フォアグラが溶けてきたら、冷蔵庫で30分
　冷やす。

血管や筋が見えたところ。血管や筋を除いたところ。
途中で切れないよう持ち上　フォアグラが溶けてくるの
げるようにして取り除く。　で手早く行う。

2 型にオーブンペーパーを敷き、[1]
を入れる。表面（血管をとった面）
を内側にし、きれいな面が外側になるよ
うにして入れる。アルミホイルでしっかり
蓋をし、深さのあるバットに型を入れ、
42℃ぐらいのお湯をバットに張る。バッ
トごと90℃に熱したオーブンで35分～1
時間ほど湯せん焼きする。中心温度を測
り、45℃になればOK。
＊フォアグラの大きさにより加熱時間が変わるの

で、35分で一度取り出して測ってみるとよい。

3 アルミホイルを外し、上に浮いてい
る脂を取り出し、ざるで漉す。漉し
た脂はとっておく。

4 型の内周に合わせてボール紙をカッ
トし、アルミホイル、ラップの順に
巻いたものを用意し（中蓋）、フォアグラ
の上にのせる。さらに米250gを袋に入れ、
中蓋の上にのせ、重しにする。粗熱がと
れたら、そのまま冷蔵庫に半日以上入れ
て、冷やし固める。

5 [4]が固まったら、[3]の漉した脂
を軽く温め、液体状にしてからフォ
アグラの上に流し入れる。中蓋はせず、
冷蔵庫で一晩おく。

6 洋梨は5mm角に切り、白みそ、レモ
ン汁、柑橘の皮とあえる。

7 温めた包丁で[5]を好きな厚さにカ
ットして器に盛りつけ、粗く刻んだ黒
こしょう、柑橘の皮を散らす。[6]を盛り、
パンは網焼きして添える。

フォアグラのポワレ
大根のキャラメリゼ添え

Foie gras poêlé et radis blanc caramélisé

フォアグラはフレンチの代表的な食材で、定番の調理法が「ポワレ」です。
フライパンで外はカリッと中はとろーりと焼き上げます。フォアグラに合わせる食材はいろいろありますが、
マッシュルームのだしをたっぷり含んだ大根と濃厚なフォアグラは、とっておきの組み合わせです。

♠ 材料

5〜6人分
生フォアグラ[※1]…250g
薄力粉…適量
塩、こしょう…適量
岩塩…少々
黒こしょう(粒)…適量
ガラムマサラ…少々
ハーブ(レッドソレル、ベビーリーフなど)
　…適量

[大根のキャラメリゼ]
大根…10cm
スライスベーコン…2枚
A
　水…500ml
　塩…小さじ2/3
　マッシュルームの軸[※2]…3〜4個分
　タイム…2〜3枝
グラニュー糖…大さじ2

[ベリーソース]
冷凍ベリーミックス…100g
グラニュー糖…15g
水…50ml
バルサミコ酢…大さじ1

※1 インターネットで冷凍を購入できる。
※2 マッシュルーム3個を薄切りにして使用し
　てもOK。軸が余っていたら活用する。

♣ 作り方

1 大根は厚めに皮をむき、1.5cm幅に6枚輪切りにする。ベーコンは1cm幅に切る。

2 鍋に[1]、Aを入れ、大根がやわらかくなるまで約30分煮る。火をとめ、汁につけたまま冷ます。ベーコンはだしとして使う。

3 ベリーソースを作る。違う鍋に凍ったままのベリーミックス、グラニュー糖、水を入れ、10分ほど弱火で煮る。最後にバルサミコ酢を加える。

4 フライパンにグラニュー糖大さじ2を入れ、その上に[2]の大根を水気をとってのせ、中火で温めながら両面にキャラメルの焼き色をつける。

5 フォアグラは熱湯で温めた包丁で2cm厚さに切り、塩、こしょうをする。両面に薄力粉をまんべんなく薄くつける。フライパンを軽く熱し、中火で両面をこんがりと焼く。

6 器に[4]をおき、[5]をのせる。岩塩、粗く刻んだ黒こしょう、ガラムマサラをふりかけ、ハーブを飾り、ベリーソースを盛る。

un petit conseil

フォアグラをテリーヌにする場合は、
血管をとる下処理が
必要ですが(p.21参照)、
ポワレの場合は
特に気にしなくてOKです。

23

カリフラワーのポタージュ
Crème Dubarry

フランスでは、カリフラワーを使った白いポタージュを
ルイ15世の公妾デュバリー 夫人にちなんで、デュバリー風と呼ぶことがあります。
カリフラワーと玉ねぎの甘みが引き立つポタージュは、
クレーム・デュバリーと名付けられ、ポピュラーな一皿。
季節によっては冷製でいただくのもおすすめです。

> ただ、あまりにも、そうあまりにも
> 偏食がひどいのである。 ―中略―
> カリフラワーのポタージュを出したとき、
> カリフラワーも駄目だと言われた。
>
> ……出典……
> 「ロニョン・ド・ヴォーの決意」
> 『タルト・タタンの夢』

♠ 材料

4～5人分
玉ねぎ（大）…1/2個（正味150g）
カリフラワー…1個（正味400g）
バター…40g
塩…適量
水…100㎖
牛乳…400㎖
生クリーム…100㎖

[トッピング]
カリフラワー、オリーブ油、セルフィーユ
　…各適量

♣ 作り方

1 玉ねぎは繊維を断つように3mm幅に切る。カリフラワーは葉と芯の硬い部分をとって小さめに切る。トッピング用に少し（50gほど）残す。

2 鍋を火にかけてバターを溶かし、玉ねぎを入れてしんなりするまで炒める。カリフラワー、塩ふたつまみを加え、軽く炒める。水を加え、沸騰したら弱火にし、具材がくたくたになるまで蓋をして約20分煮る。

3 [2]と牛乳を合わせ、ミキサーにかける。鍋に戻して火にかけ、生クリームを加え、塩で味をととのえる。

4 器に[3]を注ぎ、トッピング用に小房を薄切りにしたカリフラワーとセルフィーユを飾る。オリーブ油をスプーンにとり、散らすようにかける。

un petit
conseil

少なめの水で
カリフラワーをじっくり
蒸し炒めにすることで、
素材の旨みを引き出します。

ズッキーニとかにのお菓子仕立て

Gâteau de courgette et crabe

ケーキのようなお菓子仕立てにしたおもてなし料理。口当たりのやわらかい
ズッキーニのムースにかにのほぐし身をあしらいます。フレンチらしい華やかな一品で、
食卓が一気にエレガントに。ムースフィルムがなくても身近なもので代用できます。

> 彼は誇らしそうに、少し上体を反らした。
> 「前菜がズッキーニと蟹のお菓子仕立てで、
> メインが、ブフ・ブルギニョン。いや、
> わたしから見ても、びっくりするほど
> 本格的だったよ。―後略―」
>
> ……出典……
> 「タルト・タタンの夢」
> 『タルト・タタンの夢』

♠ 材料

3個分 直径6cm×高さ5cm

[ムース]
ズッキーニ（中）…3/4本（150g）
にんにく…1/2かけ
オリーブ油…大さじ1
水…100mℓ
塩…小さじ1/2
粉ゼラチン…5g
生クリーム…100mℓ
ズッキーニ（飾り用）…1本

[付け合わせ]
A
| かにのほぐし身…90g
| オリーブ油…小さじ1
| レモン汁…小さじ1
| こしょう…適量
ハーブ（ディル、セルフィーユなど）…適量

[トマトソース]
裏ごしトマト（パッサータ）…30g
オリーブ油…小さじ1/2
砂糖…小さじ1/4
塩…少々

＊ムースフィルムを使用。クリアファイル（厚
さ2mm程度）を5cm幅にカットし、直径6
cmに丸めてテープでとめたもので代用可能。

♣ 作り方

1 ムースフィルムは直径6cmの円に丸め、テープでとめてバットに並べる。飾り用のズッキーニは厚さ1mmの輪切りにし、熱湯に軽く塩気を感じる程度の塩（分量外）を入れて30秒ゆで、すぐに冷水で冷やす。キッチンペーパーで水気をとり、フィルムの内側に半面ずつ重ねながら貼りつける。

2 ムース用のズッキーニは薄く輪切りにし、にんにくはみじん切りにする。鍋にオリーブ油、にんにくを入れてから火にかけ、香りが出てきたらズッキーニと水、塩を加え、蓋をして中火で1分蒸し炒めをする。

3 粉ゼラチンと水・大さじ2（分量外）を小さな耐熱ボウルに入れて混ぜ、電子レンジで20秒熱して溶かす。[2]とゼラチンをミキサーにかけ、ボウルに移して氷水にあてて混ぜながら冷ます。

4 生クリームをツノが軽くおじぎするくらいまで泡立てる。[3]と生クリームの1/3をゴムベラで混ぜる。さらに残りの生クリームを加えて混ぜる。[1]のムースフィルムの中に入れ、表面をスパチュラで平らにならす。冷蔵庫で3時間以上冷やし固める。

5 付け合わせのAをすべて混ぜる。トマトソースの材料は小さな耐熱ボウルにすべて入れてラップをし、電子レンジで40秒熱し、冷ます。

6 器に[4]を置き、ムースフィルムをはがす。ムースに付け合わせのAを盛り、ハーブを飾る。トマトソース、オリーブ油（分量外）をムースの周りに散らす。

ヴァン・ショー
Vin chaud

　ヴァン・ショーは「ホット・ワイン」のこと。フランスではカフェの定番メニューですが、特に寒い日に飲むヴァン・ショーは格別。シナモンとオレンジの甘い香りが湯気と一緒に立ち上り、芯から体が温まる飲み物です。

　〈パ・マル〉では、メニューには載せていませんが、頻繁にヴァン・ショーが登場します。ヴァン・ショーを飲んでこわばっていた心と体がほぐれると、お客さんが悩みや問題を打ち明けてくれるようです。

　ヴァン・ショーは〈パ・マル〉の隠れた名物だ。メニューには載っていないし、リクエストされたときだけ無料でサービスしている。
　だが、あたたかいヴァン・ショーを必要としているような人には、シェフはなにも言わずにその人の前にデュラレックスのグラスを置く。
　　　　……「共犯のピエ・ド・コション」『マカロンはマカロン』

♠ 材料

約2杯分
赤ワイン…300㎖
オレンジ果汁…1個分(約100㎖)
シナモンスティック…2本
クローブ…4本
しょうがスライス…2枚
はちみつ…大さじ2～4
　(お好みで量を調整)

[飾り用]
オレンジスライス…2枚
シナモンスティック…2本

♣ 作り方

1 材料をすべて鍋に入れてわかす。1分沸騰させ、アルコールをとばす。粗熱がとれたら冷蔵庫に入れて一晩おく。

2 [1]を温め直してグラスに注ぎ、シナモンスティックとオレンジスライスを飾る。

ブランダード
Brandade

フランス南部ラングドック地方の郷土料理です。本場は干鱈を使いますが、手に入りやすい
たらの切り身で作りましょう。〈パ・マル〉では、アンディーヴやクレソン、アーティチョークなど
苦味のある野菜を添えていただきます。メインとしても成り立つ一皿です。

> なめらかなクリームに近い状態にして、
> ─中略─
> 苦味のある生野菜と一緒に食べるのが、
> 三舟シェフのオリジナルである。
>
> ……出典……
> 「ロニョン・ド・ヴォーの決意」
> 『タルト・タタンの夢』

♠ 材料

5〜6人分

甘塩たら切り身…4切れ
にんにく…2かけ
（1かけはつぶし、もう1かけはみじん切り
にする）
牛乳…適量
タイム…2本
じゃがいも…皮をむいた正味500g
オリーブ油…50㎖
生クリーム…200㎖
塩、こしょう…各適量
A
　生パン粉…30g
　粉チーズ…大さじ2
　オリーブ油…大さじ2
　塩、こしょう…各少々
　パセリ（みじん切り）…大さじ2

[付け合わせ]
チコリ、アーティチョーク（オイル漬け）、
　クレソン、トレビスなど…適宜

＊苦味が苦手な場合は、ラディッシュやパプリ
　カ、アスパラガスなどでも。

♣ 作り方

1 鍋に、たら、つぶしたにんにく、タイ
ムを入れ、牛乳をひたひたになる程
度に加えて火にかける。10分煮たら、た
らを取り出し、皮と骨をとって身をほぐし
ておく。

2 じゃがいもは皮をむき、2〜4等分
に切る。別の鍋にじゃがいもを入れ、
水と塩少々（分量外）を加え、やわらか
くなるまでゆでる。

3 じゃがいもがゆであがったら温かい
うちにフォークなどでつぶし、にんに
くのみじん切りを加え、オリーブ油と生ク
リームを少しずつ加えながら、なめらかに
なるまで混ぜる。[1]のたらを加えて混ぜ、
塩、こしょうで味をととのえる。

4 耐熱皿に [3] を移し入れる。Aをす
べて混ぜて表面全体にかけ、200〜
250℃に熱したオーブンで10〜15分表
面がこんがりする程度に焼く。

5 付け合わせを食べやすい大きさに切
り、器に盛って添える。

un petit conseil

アーティチョークは可食部が
少なく、下準備に手間が
かかるので、オイル漬けや
水煮になっているものを
使うのが手軽でおすすめです。

サーモンのグリビッシュソース

Saumon sauce gribiche

ハーブの香りとコルニッションの酸味が風味豊かなグリビッシュソースは、
タルタルソースにも似たフレンチの基本的なソースです。蒸し魚はもちろん、
ゆでたじゃがいもや〈パ・マル〉のギャルソン高築がいうように、鴨のコンフィにも合います。

> 紳士は、一口食べて笑顔になった。
> 「これはいいね。ハーブの香りが爽やかだし、
> 重すぎない。南のほうのソースかな」
> 「ええ、私はニースで覚えました」
>
> ……出典……
> 「ムッシュ・パピヨンに伝言を」
> 『マカロンはマカロン』

♠ 材料

3〜4人分
サーモン（刺身用さく）…400〜500g
塩…適量
ディル…適量
オリーブ油…大さじ1
ライム果汁…1/2個分

[ソース]
固ゆで卵…1個
A
　ワインヴィネガー（赤、白どちらでも可）
　　…大さじ1
　マスタード…小さじ1
　塩…ふたつまみ
　こしょう…適量
サラダ油…大さじ1
B
　ケッパー（酢漬け）…小さじ1
　コルニッション…2本（10g）分
　ディル（みじん切り）…大さじ1
　乾燥エストラゴン※1…小さじ1

[飾り]
ライムの皮（すりおろし）…少々
粗びき黒こしょう…適量
ハーブ（マイクロハーブなど）…適量
ラディッシュ（薄切りして水に10分さら
　す）…2個

※1 本来は生エストラゴンを入れるソース。生
　が手に入れば、それを使うのがおすすめ。

♣ 作り方

1 サーモンは1.5cm厚さに切り、片面に塩をふる。その上にディルをちぎってのせる。

2 フライパンにオリーブ油を熱し、[1]のサーモンを、ディルをのせた面を下にして焼く。上面にディルをちぎってのせ、ひっくり返し、好みの焼き加減で両面焼く。火をとめ、ライム果汁を回しかける。

3 グリビッシュソースを作る。固ゆで卵は黄身と白身に分ける。ボウルに黄身を入れてフォークでつぶし、Aを加えて混ぜる。サラダ油を少しずつ加え、泡立て器で混ぜる。白身とBを細かく刻んで加え、混ぜる。

4 [2]のサーモンを器に盛り、グリビッシュソースをかける。ライムの皮、粗びき黒こしょうを散らし、ハーブとラディッシュを飾る。

un petit conseil

コルニッションは、小さな
きゅうりのピクルスのこと。
手に入らなければ、
ピクルスでもOK。

ピペラード

Piperade

バスク地方で古くから愛されている郷土料理。野菜のトマト煮というとラタトゥイユが有名ですが、
ピマン・デスペレットというバスク地方の唐辛子を使って辛味をつけ、卵を加えるところが大きな違い。
トマトのやさしい甘みと酸味、卵のマイルドな風味の中で唐辛子のアクセントが際立ちます。

> 「オムレツでもないし、スクランブルエッグでもない。
> クリームのような感触になった卵に、
> 野菜の甘さが馴染んでいて……とても優しい味だ」
>
> ……出典……
> 「オッソ・イラティをめぐる不和」
> 『タルト・タタンの夢』

♠ 材料

4〜5人分
赤パプリカ…2個
甘長唐辛子（またはししとう）…10本
玉ねぎ…1/2個
にんにく…1/2かけ
オリーブ油…大さじ1
トマトの水煮缶…1缶（正味400g）
生ハム…2枚
塩、こしょう…各適量

ベーコンブロック…100g
ピマン・デスペレット※1…大さじ1/2
パプリカパウダー…大さじ1/2
オリーブ油…大さじ2
卵…2個
塩…ふたつまみ
イタリアンパセリ（みじん切り）…適量

※1 辛味は穏やかでほのかに甘みもある。なければ一味で代用する。ただし、一味のほうが辛いので量はお好みで調整を。

♣ 作り方

1 赤パプリカと甘長唐辛子はヘタと種をとり、8cm長さ、3mm幅に切る。玉ねぎは繊維を断つように3mm幅に切る。

2 鍋にオリーブ油、つぶしたにんにくを入れて火にかけ、香りが出てきたら[1]とトマト缶を入れ、弱火〜中火で20分煮る。にんにくを取り除き、生ハムをちぎって加え、塩、こしょうで味をととのえる。

3 ピマン・デスペレットとパプリカパウダーを合わせ、ベーコンブロックの表面にまぶす。フライパンにオリーブ油を熱し、ベーコンブロックの両面を焼く。焼き色がついたら取り出す。好みの厚さに切る。

4 卵は塩ふたつまみを入れて溶きほぐし、[3]のフライパンに流し、半熟のスクランブルエッグを作る。火が入りすぎないよう、ボウルに移す。

5 器に[2]を盛り、[4]の卵と[3]のベーコンを3〜4切れのせる。ピマン・デスペレット少々（分量外）とイタリアンパセリをふる。

un petit conseil

このレシピは作りやすいように卵を半熟にしてのせていますが、三舟シェフが体調のすぐれない客に出したピペラードは、仕上げに溶き卵を入れ、ウフ・ブルイエを作る要領でクリーム状にします。炒り卵にならないよう、弱火にかけたり、火から外したりしながら火入れします。

スープ・オ・ピストゥ

Soupe au pistou

野菜と豆をたっぷり煮込んだフランス版ミネストローネ。
仕上げにピストゥ(バジルソース)を落としたり混ぜたりしていただく南仏の伝統料理。
バジルのソースというとイタリアのジェノベーゼが有名ですが、
このレシピのピストゥは、にんにくや松の実、チーズを入れず、
代わりにトマトを使うため、爽やかで軽い風味です。

魚料理のソースなどにも使うが、
いちばんおいしいのが、これを野菜たっぷりの
スープに浮かせる、スープ・オ・ピストゥだ。
なるほど、あれならば、ベジタリアンにも
ぴったりの料理である。
……出典……
「憂さばらしのピストゥ」
『ヴァン・ショーをあなたに』

♠ 材料

5人分
トマト…1個(250g)
モロッコいんげん(またはいんげん)
　…150g
じゃがいも…2個(150g)
ズッキーニ…1本
にんにく(みじん切り)…2かけ
赤いんげん豆水煮缶…1缶(正味250g)
水…1.25ℓ
塩、こしょう…適量
オリーブ油…大さじ1
ショートパスタ…40g
シュレッドチーズ…適宜

[ピストゥ]
バジル(茎ごと)…80g
トマト…1/2個(125g)
オリーブ油…大さじ2
塩…小さじ1
こしょう…適量

[飾り]
バジル…適量

♣ 作り方

1 トマト1個と1/2個(ピストゥ用)は湯むきし、種をとる。

2 モロッコいんげんは斜めに1.5cm幅に切る。じゃがいもとズッキーニは皮をむき、2等分に切る。トマト1個はざく切りにする。

3 鍋にオリーブ油を熱し、にんにくを入れて炒める。トマト以外の[2]を入れてさっと炒める。水、[2]のトマトを加え、塩、こしょうをして20分煮る。

4 ピストゥを作る。バジルは熱湯で1分ゆで、トマト1/2個とオリーブ油、塩、こしょうと一緒にミキサーでペースト状にする。

5 [3]のじゃがいもとズッキーニをボウルに取り分け、フォークでつぶし、ピューレ状にする。ピューレを鍋に戻し、水気をきった赤いんげん豆の水煮、ショートパスタをゆでずにそのまま加える。パスタがやわらかくなるまで中火〜強火で乳化させながら煮る。

6 とろりとしたら火をとめ、塩、こしょうで味をととのえる。器に盛り、[4]のピストゥをかけ、バジルを飾る。お好みでシュレッドチーズを入れながらいただく。

un petit conseil

にんにくやパルミジャーノを入れて作るものもピストゥと呼ぶこともあります。紹介したレシピは、ジェノベーゼとの差異がわかりやすく、爽やかな風味が楽しめます。お好みでピストゥを混ぜてグリーンのスープに仕上げてもよいです。

ポワロー・ヴィネグレット

Poireaux vinaigrette

くたくたにやわらかくなったポワロー（ポロねぎ）の甘さに、さっぱりとした
ヴィネグレットソースが安定の組み合わせ。
ヴィネグレットはヴィネガーとオイルを合わせた基本のドレッシングのこと。
ビストロでは古くから定番として親しまれている料理で、
フランス家庭でもよく登場する一品。簡単にできるところもおすすめです。

♠ 材料

2〜4人分
ポワロー（細めのもの）※1 …4本

[ソース]
エシャロットまたは赤玉ねぎ（みじん切り）
　…大さじ2
A
┃ ワインヴィネガー（白、赤どちらでも）
┃ 　…大さじ1
┃ 塩…小さじ1/3
┃ こしょう…少々
┃ 砂糖…小さじ1/2
オリーブ油…大さじ2
イタリアンパセリ（みじん切り）…大さじ1
岩塩…適宜

※1　ポワローはポロねぎとも。ねぎ特有の刺激
　　　臭が少なく、まろやかな味。長ねぎで代用
　　　可。

♣ 作り方

1 ソースを作る。エシャロットを氷水に入れて15分ほどさらす。キッチンペーパーで包み、水気をよくきる。

2 ボウルにAを入れ、泡立て器でよく混ぜる。オリーブ油を加えて混ぜ、[1]とイタリアンパセリを加えて混ぜる。

3 ポワローは青い部分の先を切り落とし、食べやすいサイズに切る。根元側は浅く切り落とし、青い部分に縦4等分に切り込みを入れ、中の砂をよく洗う。

4 鍋に湯を沸かし、5%程度の塩（分量外）を入れ、[3]を約20分間やわらかくなるまでゆでる。バットに移し、水気をふく。

5 [4]のポワローを器に盛り、[2]をかける。お好みで岩塩を添える。温製でも冷製でも好みの温度でいただく。冷製の場合は、そのまま冷蔵庫で冷やせばOK。

> テレビドラマの5話で
> 登場した一皿です。
> ヴィネグレットソースは、
> フレンチドレッシングのことで、
> よくサラダに使われます。
> ただし、三舟シェフによると
> 「フォアグラとの相性は最悪だ」
> そうなので（「オッソ・イラティを
> めぐる不和」より）、ご注意を。

ラタトゥイユ
Ratatouille

夏野菜のおいしさがぎゅっと詰まったラタトゥイユは、南仏プロヴァンス地方の伝統的な料理。
フレンチの定番といえるほどポピュラーで、家庭でもよく作られます。アンチョビの塩気が
野菜の旨みを引き出し、奥深い味わいに一役買っています。

> ぼくは、彼女の前にアミューズの皿を
> 置いた。塩漬けのグリーンオリーブや、
> ―中略―ラタトゥイユなどがきれいに
> 盛りつけられている。
>
> ……出典……
> 「コウノトリが運ぶもの」
> 『マカロンはマカロン』

♠ 材料

約5人分

玉ねぎ…1/2個
トマト…1個（220g）
なす…1本
ズッキーニ…1本
パプリカ…1個
オリーブ油…大さじ2
にんにく（みじん切り）…1かけ分
アンチョビペースト※1…小さじ2
サラダ油（揚げ油用）…適量
塩、こしょう…各適量
ケッパー（塩漬け）※2…大さじ1
バジルの葉…10枚

※1 アンチョビフィレ4枚をみじん切りしたもの
　　で代用可。

※2 ケッパーは30分ほど水につけて、塩抜きす
　　る。塩漬けのケッパーが手に入らなければ、
　　酢漬けのケッパーをそのまま使う。

♣ 作り方

1 玉ねぎ、トマト、なす、ズッキーニ、
パプリカは1cm角に切る。

2 フライパンにオリーブ油を熱し、に
んにくを炒め、アンチョビペーストを
入れる。玉ねぎを加え、しんなりするま
で炒める。トマトを加え、水分がなくなる
まで炒める。

3 別のフライパンに多めのサラダ油（高
さ2cm程度）を熱し、[1] のなす、
ズッキーニ、パプリカを200℃位の高温
で表面に焼き色がつくまで揚げる。ざる
にとり、油をよくきり、塩を少々ふる。[2]
のフライパンに加え、塩、こしょうで味を
ととのえる。バットに移し、粗熱がとれた
ら冷蔵庫で冷やす。

4 刻んだバジル、ケッパーを加え、混
ぜる。器に盛り、お好みでバジル（分
量外）を飾る。

un petit conseil

野菜は揚げることで甘さや
旨みが立ち、鮮やかな色も
保てるので美しく仕上がります。
また、前菜用に野菜を小さく
切っていますが、おかずの一品
として楽しみたい場合は
大きめに切って、分量も適宜
増やしてください。温製で
いただくのもおすすめです。

ピサラディエール
Pissaladière

プロヴァンスの名産、オリーブとアンチョビを使ったピザのようなおかずパン。
南仏の郷土料理で、特にニースの名物として知られています。
じっくりと飴色に炒めた玉ねぎの甘みとアンチョビの塩気が絶妙な組み合わせ。
オリーブの渋みとトマトの酸味がアクセントになって、くせになるおいしさです。

♠ 材料

33cm×25cmのバット1枚分

[生地]
強力粉…150g
塩…小さじ1/2
砂糖…小さじ1
ぬるま湯（30〜40℃）…150mℓ
ドライイースト…3g
オリーブ油…大さじ1

＊生地は市販のピザ生地で代用してもOK

[具材]
玉ねぎ（大）…3個
オリーブ油…大さじ1
塩…ひとつまみ
アンチョビフィレ…10枚
黒オリーブ（種抜き）…5粒
ミニトマト…4個
乾燥ハーブ…小さじ1

[付け合わせ]
クロテッドクリーム…適宜

♣ 作り方

1 ボウルに強力粉、塩、砂糖を入れる。ぬるま湯にドライイーストを入れ、よく混ぜてから加え、さらにオリーブ油も加えて全体がなじむまで混ぜる。粉っぽさがなくなってきたらひとまとめにし、ラップをかけて常温（23〜30℃）で1時間（2倍にふくらむまで）休ませる。

2 玉ねぎは横に薄切りする。フライパンにオリーブ油を熱し、玉ねぎと塩を加えて軽く炒めたら蓋をし、45分〜1時間弱火にかけて飴色にする。蓋を外し、強火にして水分をとばす。

3 バットにオーブンペーパーを敷き、オリーブ油（分量外）をまんべんなく塗る。[1]をのせ、オリーブ油（分量外）をつけた手で薄くのばす。そのまま15分ほど休ませる。

4 アンチョビは縦に細長く切り、オリーブは3〜4等分の輪切りに、ミニトマトも3等分の輪切りにする。

5 のばした生地全体に[2]をまんべんなくのせる。[4]をトッピングし、乾燥ハーブを全体にかける。220〜250℃に熱したオーブンで20分焼く。お好みでクロテッドクリームをつけながらいただく。

ピザと違ってチーズを使わないので、テレビドラマの9話では乳製品アレルギーの客のメニューとして登場しています。冷めてもおいしくいただけるところもおすすめです。なお、フランスではそのままいただきますが、クロテッドクリームをつけると塩気がまろやかになり、リッチな味わいに。

ビストロ・メニューの選び方
Plaisir de la table

フランスでMenu（ムニュ）というのは、コース料理のこと。

ビストロでは、基本的に前菜（アントレ／Entrées）、主菜（プラ／Plats）、デザート（デセール／Desserts）からMenuが構成されており、前菜と主菜の2皿、前菜と主菜、デザートの3皿といったパターンで注文します。

〈パ・マル〉のように、前菜の前にアミューズ（Amuse-bouche）という突き出しのようなものが出てくる店もありますし、アラカルトとして単品料理を頼むこともできます。

> 〈パ・マル〉の一皿は、高級フランス料理と比べて、量が多い。コースで少量ずつ食べるのではなく、二皿で満足できる量である。その分、前菜と魚料理を選んだり、魚料理を前菜として食べて、メインに肉料理を食べたりと、食べる人の好みでコースを選べる。
> ……「タルタルステーキの罠」『マカロンはマカロン』

ビストロは気取らず食事が楽しめる店です。堅苦しく考えず、自分の希望を素直に伝えて相談してみるとよいでしょう。

> 「じゃあ前菜はフォアグラのパテ、メインは仔羊のもも肉のローストにしようかな」
> 少し重めの組み合わせだ。これだと、ワインはボディのしっかりした赤
> ……などと考える程度には、ぼくもフランス料理に慣れてきた。
> ……「オッソ・イラティをめぐる不和」『タルト・タタンの夢』

また、フランス料理にはワインを合わせるのが基本。料理と相性のいいワインの組み合わせを「mariage／マリアージュ」といい、ソムリエ／ソムリエールは、どんな料理にどのワインが合うかをアドバイスしてくれる役目です。

彼らのおすすめにも耳を傾け、マリアージュを楽しんでみましょう。

主菜

Plats

食事の主役となるメインディッシュのこと。〈パ・マル〉では、
フランスのさまざまな地方料理が楽しめるのも魅力です。
フランス料理では定番の鴨や仔羊といった食材も、
最近は手に入りやすくなっていますので、
家庭でもぜひ楽しんでみましょう。

鴨のポワレ
カカオと赤ワインのソース

Filet de canard poêlé sauce au vin rouge et cacao

華やかな見た目で難しそうに思えますが、フライパンひとつででき、手順もシンプル。
コツは焼いた時間と同じくらい休ませること。〈パ・マル〉でも付け合わせに使っているように、
鴨肉はフルーツと相性抜群。ベリー類やオレンジなど手に入りやすいもので作っても。

鴨のローストに、ソテーした無花果や桃などの
フルーツを添えた一皿が、紳士の前に置かれたとき、
勝手口のほうから声がした。

出典
「ムッシュ・パピヨンに伝言を」
『マカロンはマカロン』

♠ 材料

4〜6人分

鴨むね肉（1枚220〜240g）※1
　…2〜3枚
塩、こしょう…各適量
黒こしょう（粒）…適量

[ソース]
バター…20g
カカオパウダー…小さじ1
シナモンパウダー…小さじ1/4
赤ワイン…150ml
ブラックチョコレート※2…20g
塩、こしょう…各適量

[付け合わせ]
いちじく…4〜6個
A
　レモン汁…大さじ1
　オリーブ油…小さじ1
　塩、こしょう…各少々
クレソン…適量

※1 インターネットで購入するのが手軽。フランス産のほかハンガリー産が質がよくおすすめ。羽毛がついていたらピンセットで抜くか、ガスバーナーで焼く。

※2 市販の板チョコレートでOK。

♣ 作り方

1 鴨肉は白い膜のような筋をそぎ、皮面に斜めに切り込みを入れ、調理の30分ほど前から常温に戻す。全体にしっかりと塩、こしょうをする。ソース用のバターを常温に戻し、カカオパウダーとシナモンパウダーを加えて練り合わせておく。

2 テフロン加工のフライパンに皮面を下にして鴨肉を入れ、火にかける。弱火〜中火でジュウジュウと音がしてきてから5〜6分焼く。皮がパリッと香ばしく焼けたら裏返して3分焼き、フライパンから取り出してアルミホイルで包み、ガス台のそばなど暖かなところに10分ほど置く。

3 [2] のフライパンに残った脂を捨て、赤ワインを加えて沸騰させる。アルコールをとばしたら火を弱め、[1] のバターを入れて溶かし、ブラックチョコレートを加え、塩、こしょうをして味をととのえる。

4 いちじくはくし切りにし、皮をむく。Aを混ぜたものであえる。

5 鴨肉を5mm幅に切り、器に盛る。粗く刻んだ黒こしょうをふる。ここで出てきた鴨の肉汁を [3] のソースに加える。ソースを器にあしらい、クレソンと [4] のいちじくを添える。

un petit conseil

調理のポイントは、冷たいままのテフロン加工のフライパンに鴨肉を入れ、ゆっくりと熱を加えること。鴨から脂が出るので、油を入れる必要はありません。

鶏肉のフリカッセ
Fricassée de poulet

フリカッセとは白く仕上げた煮込み料理のこと。ビストロの定番料理ですが、
フランスの家庭料理としても代表的な一皿です。白ワインでなく、ブランデーを使うと
ビストロ風のリッチな味に。きのこの豊かな風味が
コクのあるクリームに奥深い味わいをもたらしてくれます。

> 湯気の立つフリカッセを、舘野さんの前に置く。
> バターでカリカリに焼いた若鶏とたっぷりのきのこを
> 生クリームで煮込んだ、秋にぴったりのメニューだ。
>
> 出典
> 「共犯のピエ・ド・コション」
> 『マカロンはマカロン』

♠ 材料

4人分

骨付き鶏もも肉…2本(約700g)
塩、こしょう…各適量
玉ねぎ…1個
サラダ油…大さじ2
バター…20g
ブランデー…100ml
水…200ml
生クリーム…200ml

きのこ類(マッシュルーム、まいたけ、
　ひらたけなど)…200g
サラダ油…大さじ1
バター…10g

♣ 作り方

1 鶏肉は関節の部分で2等分に切る。全体に塩、こしょうをしっかりふる。フライパンにサラダ油を熱して、皮面を下にして焼く。中火で焼き色を両面につけ、取り出す。この時点では中まで火が通ってなくてよい。

2 玉ねぎは繊維を断つように薄切りする。[1]のフライパンの油を捨て、バターを入れて玉ねぎがしんなりするまで炒める。

3 フライパンに[1]の鶏肉を戻し、ブランデーを加え、沸騰したら水を加える。再び沸騰したら、蓋をして30分弱火～中火で煮る。蓋をとり、火を強めて1/3まで煮詰めたら生クリームを加える。

4 きのこ類は洗わず、汚れは湿らせたキッチンペーパーでふきとる。別のフライパンにサラダ油を入れて強火で煙が出てくるまで熱し、きのこを炒める。混ぜすぎないようにして香ばしく焼き、塩、こしょう、バターを加えてひと混ぜする。

5 [4]のきのこを[3]に加え、塩、こしょうで味をととのえる。器に盛り、こしょうを少々かける。

un petit conseil

鶏肉は骨付きでなくても
OKです。きのこの香りと
食感をより楽しめるよう、
レシピでは最後に合わせますが、
三舟シェフ流に、
きのこを煮込んで作っても。
その場合は、工程5で
少し煮込んで仕上げます。

仔羊のロースト
スパイス風味

Côtes d'agneau aux épices

コート・ダニョーとは仔羊の骨付き背肉のこと。日本でもおいしくてヘルシーな素材として
人気が高まっています。オリジナルの配合スパイスで、野性味のある味わいが口中に広がる一皿。
骨ごと焼いて旨みを凝縮するほか、塊肉を使うことで、よりジューシーにきれいなロゼ色に仕上がります。

> メインの注文は、仔羊のハーブローストだった。
> シェフが慣れた手つきで、あらかじめマリネしてあった
> ラムラックを、鉄製のスキレットの上に入れた。
>
> ……出典……
> 「錆びないスキレット」
> 『ヴァン・ショーをあなたに』

♠ 材料

4人分

仔羊骨付きロース肉（塊）
　…約550g（骨8本分）
塩、こしょう…各適量
オリーブ油…大さじ1
にんにく…1かけ
ローズマリー…2本
カレー粉…適量
岩塩…少々

【スパイス】
コリアンダーシード…大さじ1
クミンシード…大さじ1
ダイスアーモンド…大さじ1

【付け合わせ】
なす…2本
トマト…2個
玉ねぎ…1個
塩、こしょう…各適量
オリーブ油…大さじ3
カレー粉…少々

♣ 作り方

1 仔羊肉は調理する30分前に冷蔵庫から出して常温にしておく。調理しやすいよう、半分（骨4本ずつの塊）に切る。全体に塩、こしょうをしっかりとふる。にんにくはつぶす。付け合わせ用のなすは7mm幅の輪切りに、トマトと玉ねぎは6等分のくし切りにする。

2 フライパンにオリーブ油を熱し、[1]のにんにくとローズマリーを入れる。仔羊肉を皮面を下にして入れて中火で焼き色をつけ、ひっくり返して両面焼く。

3 キッチンペーパーを敷いた天板に[2]を入れ、別の天板にオーブンペーパーを敷き、なす、トマト、玉ねぎを並べる。オリーブ油をかけ、塩、こしょうをふる。200℃に熱したオーブンで仔羊肉は16分、野菜は20～30分焼く。仔羊肉は16分たったらオーブンから天板ごと出し、アルミホイルをかぶせ、オーブンのそばなど暖かいところで15分休ませる。
＊同じ天板で焼いてもOK。その場合も途中で取り出した仔羊肉はアルミホイルで包んで休ませる。

4 [3]の野菜が焼き上がったら、カレー粉を茶こしを使って少々ふる。丸いセルクルを器に置き、玉ねぎ、トマト、なすの順に詰める。

5 スパイスを用意する。コリアンダーシード、クミンシードはフライパンで1分ほど煎り、すりこぎで粉末にする。ダイスアーモンドはフライパンで煎ってから粉末にしたスパイスに混ぜる。

6 [3]の仔羊肉の皮面に茶こしを使ってカレー粉を少々ふる。骨をつかみながら1本ずつ切り分ける。

7 器に仔羊肉を2本盛り、[4]を器に置いてセルクルを抜く。カットした肉の表面に岩塩を少々ふり、[5]のスパイスをふりかける。カレー粉をトッピングする。

un petit conseil

仔羊の骨つき背肉（ロース肉）の塊のことをカレ・ダニョー（英語表記ではラムラック）といいます。仔羊のロース肉は冷たいままだと均一に火が入りにくいので、常温にしておくのもポイントです。

豚肉の煮込み
トマト風味

Mijoté de porc à la tomate

豚肩肉を野菜ペーストでやわらかく煮込んで、
りんごやレーズン、パプリカなど野菜の付け合わせとともにいただきます。
トマトやフルーツの酸味と甘味のバランスが絶妙で、
どこか地中海料理を思わせる風味とあいまってか、
フランスでは「ギリシャ風」と呼ばれている一皿です。

♠ 材料

5〜6人分

豚肩ロース肉…650g
塩、こしょう…各適量
薄力粉…適量
オリーブ油…適量

白ワイン…150mℓ
にんじん…1/2本
セロリ…1/2本
にんにく…1かけ
薄力粉…大さじ1
トマトペースト…大さじ1
水…400mℓ
炒め玉ねぎ※1…100g
トマト…1個
バター…10g
乾燥ハーブ…小さじ1

[付け合わせ]

ピーマン…1個
赤パプリカ…1/4個
りんご…1/2個
レーズン…30g
オリーブ油、塩、こしょう…各適量

※1 市販の炒め玉ねぎを使わない場合は、玉ね
　ぎ2個を薄切りして飴色になるまで炒める。

♣ 作り方

1 豚肉は大きめの一口大に切り、両面に塩、こしょうをふり、薄力粉をつける。フライパンにオリーブ油を熱し、豚肉の両面を焼く。

2 豚肉に焼き色がついたら、キッチンペーパーにとり、余分な油を吸わせたら、煮込み用の鍋に移す。鍋に白ワインを入れてひと煮立ちさせる。フライパンは洗わず、油は捨てておく。

3 セロリは葉をとり、筋をとって、にんじんとともにフードプロセッサーで細かく刻む。にんにくはつぶし、[2]のフライパンで炒め、香りが出てきたら、刻んだ野菜を加えて香ばしく炒める。薄力粉大さじ1、トマトペーストを加えて炒め、さらに水を加えて沸騰させる。トマトはざく切りにする。

4 [2]の鍋に、[3]と炒め玉ねぎ、[3]で落としたセロリの葉を1枝加える。沸騰したら、オーブンペーパーで作った落し蓋をして180℃に熱したオーブンで1時間煮る。

5 ピーマン、赤パプリカ、りんごは5mm角に切る。フライパンにオリーブ油を熱し、強火で炒める。

6 [5]のフライパンに[4]のソースをお玉2杯分加え、さらにレーズンも加え、塩、こしょうで味をととのえる。

7 [4]の鍋に塩、こしょう、乾燥ハーブ、バターを加え、味をととのえる。器に盛り、[6]の付け合わせをのせる。

豚足のガレット

Galette de pieds de cochon

キツネ色に揚がったガレットを口に運ぶと、ザクッと歯ごたえのよい香ばしい衣に続き、
トロッとした温かく旨みのある豚足のゼラチンが口中に広がります。
豚足料理は、フランスでは人気のメニュー。
豚足の骨から身を外す作業に少々手間がかかりますが、絶品です。

> 〈パ・マル〉の豚足のガレットを食べて印象が変わった。
> ──中略──
> ぷりぷりした食感と軟骨のこりこりなど、
> いろんな食感のハーモニーが楽しめる。
> ……出典……
> 「共犯のピエ・ド・コション」
> 『マカロンはマカロン』

♠ 材料

直径9cmのセルクル3個分
ゆで豚足…1個(骨を外して正味100g)
A
　玉ねぎ…1/6個(40g)
　ベーコン…40g
　マッシュルーム…3個(50g)
　イタリアンパセリ…大さじ2
　薄力粉…大さじ2
　パン粉(細目)…大さじ2
　粒マスタード…小さじ1
　塩…小さじ1/3
　こしょう…各適量
　溶き卵…1個分

[衣]
薄力粉…大さじ2
溶き卵…2個分
水…大さじ2
パン粉(細目)…適量
サラダ油(揚げ油用)…適量

[ソース]
はちみつ…大さじ1
粒マスタード…大さじ1

[付け合わせ]
ラディッシュ…4個半
オリーブ油…適量
塩…少々
ハーブ(ディル、セルフィーユなど)、
　ルッコラ…適量

♣ 作り方

1 ゆで豚足は骨から外し、みじん切りにする。

下処理のすんだゆで豚足。骨に沿って身を外す。骨と爪以外は食べられる。

2 Aの玉ねぎ、ベーコン、マッシュルームはすべてみじん切りにする。豚足とAの材料をすべて混ぜる。3等分にし、バットの上でセルクルに詰めて型どりし、セルクルを外してラップをかけ、冷凍庫で2時間以上冷やし固める。

3 衣用の溶き卵と薄力粉、水を混ぜ、[2]の固形化した豚足をくぐらせ、パン粉をまぶす。フライパンに多めのサラダ油(高さ1cm程度)を熱し、弱火〜中火で揚げ焼きにする。途中でひっくり返して両面をこんがりと焼く。

4 ソースの材料を混ぜておく。付け合わせ用のラディッシュは、葉のついたまま縦半分に切る。フライパンにオリーブ油を熱し、中火でサッと両面を焼き、塩少々をふる。

5 器に[3]のガレットを盛り、[4]のソースとラディッシュを添える。ガレットの上にハーブやルッコラを飾る。

un petit conseil

セルクルがない場合は、クリアファイル(厚さ2mm程度)を5cm幅にカットし、直径9cmに丸めてテープでとめたもので代用できます。

鴨のコンフィ
じゃがいものソテー添え

Confit de canard et pommes de terre sautées

コンフィといえば鴨、というぐらいビストロでよく出されるメニューです。
外側はカリッと香ばしく、中はほろほろと繊維に沿ってほぐれるような独特の食感。
コンフィにした鴨を香ばしく焼いて仕上げます。鶏もも肉で代用してもOKです。
鴨を煮た脂でじゃがいもを揚げ焼きして風味を楽しみましょう。

> シェフは黒板のメニューを書き換えていた。
> メインは鱸のビネガー焼き、鴨のコンフィ、
> 豚一頭分のロティ、そして赤牛のタルタルステーキだ。
>
> …… 出典 ……
> 「タルタルステーキの罠」
> 『マカロンはマカロン』

♠ 材料

4人分
骨付き鴨もも肉（1本220〜240g）※1
　…4本
A
　塩…大さじ2
　砂糖…大さじ1
　乾燥ハーブ…小さじ1
　レモンの皮（粗みじん切り）…大さじ1
鷲鳥の脂※2…250g
オリーブ油…適量
黒こしょう（粒）…10粒

[付け合わせ]
メークイン（小ぶり）
　…12個（普通サイズなら3個）
塩、こしょう…各適量
イタリアンパセリ…適量
サラダ…適宜
粒マスタード…適宜

※1 インターネットで購入するのが手軽。フランス産のほかハンガリー産が質がよくおすすめ。羽毛がついていたらピンセットで抜くか、ガスバーナーで焼く。鶏もも肉でも代用可。

※2 鷲鳥の脂（グレスドワ／グースファット）はネット通販などで手に入る。オリーブ油とサラダ油を半量ずつで代用してもOK。

♣ 作り方

1 ボウルにAを入れてよく混ぜる。鴨肉にまんべんなくすりつけ、ラップで包み、冷蔵庫で一晩おく。

2 鴨肉から出た水分とレモンの皮をキッチンペーパーでしっかりとる。

3 オーブンで使える鍋に鴨肉を皮目を上にして並べ、鷲鳥の脂を入れる。鴨が完全にかぶるようオリーブ油も加える。黒こしょうを加え、オーブンペーパーで作った落し蓋をして火にかける。小さな泡がフツフツとしてきたら、100〜110℃に熱したオーブンで2時間半煮る。串をさしてスッと抜ける状態になればOK。
＊保存する場合は別の容器に移し、鴨肉全体が浸かるくらいまで煮脂を加える。粗熱がとれたら冷蔵庫で2週間保存可能。

4 フライパンを熱し、鴨肉を皮目から入れて弱火〜中火で焼く。皮面がパリッと香ばしく焼けたら裏返して両面焼く。

5 メークインは皮付きのまま縦半分に切る（普通のサイズなら4mm厚さに切る）。フライパンに鴨肉を取り出した[3]の煮脂を多めに熱し、じゃがいもを

入れて弱めの中火で揚げ焼きする。塩、こしょうをして味をととのえ、イタリアンパセリのみじん切りをかける。

6 器に[4]と[5]を盛る。お好みでヴィネグレット（p.39参照）であえたサラダと粒マスタードを添える。

un petit conseil

鷲鳥の脂（写真）のほうが
鴨の脂（カナールドワ）よりも
入手しやすいので、使用しています。
鴨の脂でもOKです。

57

カスレ
Cassoulet

肉の旨みをたっぷり吸った白いんげん豆がほっこりと口の中でとろける、
通が好む滋味深い一品。使う肉は豚肉の塩漬けや腸詰め、鴨肉など
地方によってさまざまで、三舟シェフが通常作るのは塩漬けの豚肉を使ったもの。
原作では特別に鷲鳥のコンフィを使っていますが、
ここでは手に入りやすい鴨のコンフィで紹介します。

> カスレは、〈パ・マル〉のスペシャリテと
> いってもいいほどの人気料理である。
> &
> 「二皿目のカスレは、そのコンフィを使ったものです。
> フォアグラを取り出されたぬけがらの鷲鳥のね」
> ……出典……
> 「ぬけがらのカスレ」
> 『タルト・タタンの夢』

♠ 材料

4人分
白いんげん豆水煮…1缶（正味300g）
にんにく…1かけ
セロリ…1本
にんじん…1本
厚切りベーコン…100g
薄力粉…大さじ1
トマトペースト…大さじ1
炒め玉ねぎ※1…100g
白ワイン…200㎖
水…200㎖
塩、こしょう…各少々
コンフィの脂※2…大さじ1
鴨のコンフィ※3…4本
ソーセージ（大きめ）…4本
生パン粉…20g
オリーブ油…小さじ2

※1 市販の炒め玉ねぎを使わない場合は、玉ね
ぎ2個を薄切りして飴色になるまで炒める。

※2 鴨のコンフィを作ったときの煮脂。鷲鳥の
脂（p.57）やラードでもよい。

※3 市販の鴨のコンフィを使わない場合は、
p.57参照。

♣ 作り方

1 にんにくはみじん切り、セロリは葉と
分け、茎は筋をとって5mm角に切り、
にんじんは皮をむいてすりおろす。ベーコ
ンは7mm幅の棒状に切る。

2 オーブンが使える鍋（耐熱の器でも
よい）にコンフィの脂を入れて火に
かけ、にんにくを炒める。香りが出たらセ
ロリとベーコンを炒める。にんじん、薄力
粉、トマトペーストを加えて炒め、さらに
炒め玉ねぎを加える。全体に火が通った
ら、白ワインと水、セロリの葉、水気をき
った白いんげん豆を加え、10分煮る。塩、
こしょう少々ふる。

3 [2]の鍋に鴨のコンフィ、ソーセー
ジを交互に置き、250℃に熱したオ
ーブンで15分加熱する。生パン粉とオリ
ーブ油を混ぜて表面にまぶし、さらに10
〜15分焼き色がつくまで加熱する。

un petit conseil

原作「ぬけがらのカスレ」に
登場する、アンリが作った
カスレに近づけたい場合は、
工程2の最後に鴨のコンフィを
作ったときの煮脂や鷲鳥の脂
（大さじ2）を加えてください。
あっさりめがよければ
オリーブ油でも。

コンフィ
Confit

〈パ・マル〉でも定番のメニューのひとつ、鴨のコンフィ（p.56）に代表される「コンフィ」とは、「脂で煮る」調理法のことです。

日本ではなじみの少ない調理法ですが、もとはフランス南西部で肉の保存のために考えられたもの。塩漬けし、脂で煮たあと、そのまま冷やし、固まった脂で肉を覆うことで保存性が高まります。

揚げるのと違い、低い温度でゆっくりと加熱するので、肉がやわらかく、ほろほろとした食感に仕上がるのが特徴です。余分な脂や水分が抜け、肉の旨みがギュッと濃縮されます。

鴨のほか、豚肉や鶏の砂肝などもよくコンフィで使われます。

フランス南西部はフォアグラの産地で、フォアグラをとったあとの鵞鳥や鴨のもも肉を、コンフィにしてよく売っています。フォアグラを作るために育てられた肉は脂っぽさが強く、そのまま焼いて食べるには不向きだからです。原作「ぬけがらのカスレ」（『タルト・タタンの夢』所収）に登場した二皿のカスレ、ひとつは通常のもも肉のコンフィを使ったカスレ、もうひとつはこのフォアグラ用に育てられた鵞鳥のコンフィを使ったものだったというわけです。

> ぼくはそこで思い当たる。アンリの故郷はラングドック地方だと、彼女の
> エッセイに書いてあった。たしか、そこはフォアグラの産地のひとつだ。
> ……「ぬけがらのカスレより」『タルト・タタンの夢』

コンフィにした肉は空気に触れないようにして煮脂に浸け（写真）、冷暗所で保存すれば2週間ほどもちます。本書で紹介したようにフライパンで焼きつけたり、カスレ（p.58）に使うほか、ほぐしてサラダにあえたり、リエットにしたりするなどのアレンジもおすすめです。

鴨のコンフィは保存容器に入れ、
煮脂に浸して冷暗所に保存する。

ブイヤベース

Bouillabaisse

魚介類の旨みがスープに溶け出したコク深いブイヤベースは、南仏の漁港マルセイユの名物料理。
フレンチでは、スープ・ド・ポワソンという魚を煮出したスープを作り、そこに金目鯛などの白身魚、有頭えびや
ムール貝などを加えて煮る、というステップを経て完成します。ルイユを加えていただきます。

> もともと、ブイヤベースはマルセイユの荒くれ漁師たちが作る豪快な料理だ。
> あまり上品にしては、その個性が薄れてしまうというのが、シェフの持論だ。
>
> ……出典……
> 「マドモワゼル・ブイヤベースにご用心」『ヴァン・ショーをあなたに』

♠ 材料

4〜6人分

[スープ・ド・ポワソン]
甘塩たら（切り身）…3切れ
白ワイン…大さじ2
じゃがいも…1個
玉ねぎ…1個
にんじん…1/2本
にんにく…1かけ
アンチョビペースト…小さじ1
（またはアンチョビフィレ4枚）
オリーブ油…適量
トマトペースト…大さじ1
サフラン…ふたつまみ
トマトの水煮缶（カット）…1缶(正味400g)
水…700㎖
塩、こしょう…各適量

[具材]
ムール貝…4〜6個
有頭えび…4〜6尾
金目鯛やほうぼうの筒切り（もしくは白身
　魚の切り身）…4〜6切れ
A
　白ワイン…大さじ2
　オリーブ油…大さじ2
　乾燥ハーブ…小さじ1

[ルイユ]
にんにく…2かけ
牛乳…適量
B
　卵黄（常温）…1個
　塩…小さじ1/3
　こしょう…適量
　レモン汁…小さじ2
サラダ油…50㎖
オリーブ油…50㎖
にんにく（すりおろし）…少々
カイエンヌペッパー…ふたつまみ

[付け合わせ]
バゲット（5mm幅にスライス）
　…8〜12枚
オリーブ油…適量
シュレッドチーズ…適宜

♣ 作り方

1 スープ・ド・ポワソンを作る。甘塩たらは皮をとり、白ワインをふる。じゃがいもは皮をむいて縦4〜6等分に切り、熱湯に塩を入れ、下ゆでする。

2 玉ねぎ、にんじん、にんにくはみじん切りにする。鍋にオリーブ油を熱し、にんにくを炒め、玉ねぎ、にんじん、アンチョビペーストを加え、炒める。野菜に火が通ったら、甘塩たらを加え、さっと炒める。

3 [2]の鍋にトマトペースト、サフランを加え、炒める。トマト缶、水を加え、30分煮たら、フードプロセッサーにかけてなめらかにする。スープ・ド・ポワソンのできあがり。鍋に戻す。
＊ミキサーで代用可。フードプロセッサーのほうが具材感を楽しめる。

4 魚介の下準備をする。ムール貝は尖っているほうを上にして、足糸を手で取り除き、水洗いする。えびは殻つきのまま背わたをとる。バットにえび、魚を入れ、Aを混ぜたものをふる。

5 [3]の鍋に[1]のじゃがいも、[4]の魚介を入れ、蓋をして10分煮る。塩、こしょうで味をととのえる。

6 ルイユを作る。皮をむき、芯を除いたにんにくを小鍋に入れ、ひたひた

の牛乳で煮る。やわらかくなったら取り出し、包丁ですりつぶし、ペースト状にする。

7 ボウルにBを入れ、泡立て器で混ぜる。サラダ油とオリーブ油を少しずつ加えながら混ぜ、[6]のにんにく、にんにくのすりおろし、カイエンヌペッパーを加えて混ぜる。ルイユのできあがり。

8 器に[5]を盛り、ルイユ、オリーブ油を塗って180℃に熱したオーブンでさくさくに焼いたバゲットを添える。お好みでシュレッドチーズをかけていただく。

un petit conseil

原作でマドモワゼル・ブイヤベースが作ったのは、魚をきれいに漉してスープだけを楽しむ「スープ・ド・ポワソン」です。
白身魚を数種類使うと奥深い味わいに。三舟シェフは、ゼラチン質の多い穴子やかさごをすすめています。

鮮魚のポワレ
オレンジ風味のブール・ブランソース

Poêlée de poisson du jour,
sauce au beurre blanc à l'orange

フレンチの古典的なソース、ブール・ブラン（白いバター）のソースをオレンジ風味で爽やかに仕上げ、
旬のズッキーニと合わせた夏らしいトロピカルな一皿。皮はカリッと、身はふっくらやわらかく焼きましょう。
フライパンが冷たい状態から魚を入れ、弱火でじっくりと加熱するのがコツです。
原作「ガレット・デ・ロワの秘密」（『タルト・タタンの夢』所収）で、
スーシェフの志村さんは「平目のバターソース」に、奥さんはワインのシャトー・マルゴーに喩えられています。
淡白な魚を使ったクラシカルな調理法ですが、間違いのない一皿といったところでしょうか。

♠ 材料

5〜6人分
鯛（真鯛、金目鯛など）切り身
　…5〜6切れ
塩、こしょう…各適量
オリーブ油…適量

[ソース]
バター…80g
玉ねぎ（細かいみじん切り）…大さじ1
にんにく（細かいみじん切り）…1かけ分
オリーブ油…小さじ1
白ワイン…70㎖
レモン汁…50㎖
塩…少々
オレンジの皮…1/2個分
刻んだディル…大さじ1

[付け合わせ]
ズッキーニ…2本
オリーブ油…適量
塩…少々
オレンジ…1個
パッションフルーツ…1個
（カットマンゴーやマンゴピューレで代用可）
ラディッシュ…2個
ハーブ（マイクロハーブなど）…適量

♣ 作り方

1 ブール・ブランソースを作る。バターは1.5cm角に切り、よく冷やしておく。

2 フライパンにオリーブ油を熱し、にんにく、玉ねぎを炒める。玉ねぎがしんなりしたら、白ワイン、レモン汁を加えて煮詰める。水分がほとんどなくなったら弱火にし、冷やしたバターを少しずつ加え、泡立て器で混ぜる。バターをすべて混ぜたら、火をとめ、オレンジの皮とディルを加え、塩で味をととのえる。

3 付け合わせのズッキーニは1cm厚さに輪切りする。フライパンにオリーブ油を熱し、強火で両面を焼く。キッチンペーパーにとり、塩を少々ふる。オレンジはカルチエ切りし（p.15参照）、半分に切る。

4 鯛は両面に軽く塩、こしょうをふる。フライパンにオリーブ油を入れ、鯛の皮面を下にして入れてから弱火〜中火にかける。そのまま動かさず、皮がこんがりとするまでじっくり焼く。鯛をひっくり返して強火にし、オリーブ油をかけながら30秒ほど焼く。

5 付け合わせのラディッシュは薄切りにし、水にさらす。器に[3]のズッキーニを6個ほど並べ、鯛の皮を上にしてのせ、塩を少々ふる。[2]のブール・ブランソースを添え、[3]のオレンジ、ラディッシュ、ハーブを飾る。パッションフルーツをソースのそばに散らす。

仔羊と春野菜の煮込み

Navarin d'agneau printanier

ナヴァラン・ダニョーは仔羊を使った煮込み料理で、
ビストロでも定番の伝統的メニューです。
とくに春野菜を使ったものはプランタニエといって、かぶがよく使われます。
仔羊はもともと臭みが少なく食べやすいのですが、
野菜と仔羊の旨みが溶け込んだソースで煮込まれると、
ほとんどクセはありません。色とりどりの野菜が春らしい一品です。

♠ 材料

5〜6人分
仔羊肩肉※1…750g
塩、こしょう…各適量
薄力粉…適量
サラダ油…適量
トマトペースト…大さじ1
トマト…2個
タイム…3枝
にんにく…1かけ
にんじん…1と1/2本
玉ねぎ…1個
メークイン(小)…3個
バター…適量
かぶ…3個
スナップえんどう…5〜6個
白ワイン…200mℓ
水…300mℓ

※1 インターネットで購入可能。

♣ 作り方

1 仔羊肉は5cm角に切る。両面に塩、こしょうをし、薄力粉をまぶす。フライパンにサラダ油を熱し、仔羊肉の両面に焼き色をつける。

2 鍋に[1]の仔羊肉を入れ、トマトペーストを加えて混ぜる。ざく切りにしたトマト、タイムを加える。

3 にんにくはつぶし、にんじんは乱切り、玉ねぎは6等分のくし切り、メークインは半分(または4等分)に切る。[1]のフライパンの油を捨て、バターを加えて火にかけ、これらの野菜を少し焼き色がつくまで炒めたら、白ワインと水を加えて沸騰させる。

4 鍋に[3]を移して火にかけ、沸騰したら弱〜中火にし、1時間煮る。

5 かぶは葉を2〜3cm残し、縦半分(または4等分)に切り、皮をむく。葉の中の砂をよく洗い、[4]に加えて10分煮る。筋とりしたスナップえんどうを加え、さらに3分煮る。塩、こしょうで味をととのえる。

ドラマオリジナルの料理で、
第1話で高築が頼んだ主菜です。
春から初夏にかけて
仔羊がいちばんおいしいとされ、
フランスでは春に仔羊料理が
多く作られます。春に作るなら、
メークインの代わりに
新じゃがいもを使いましょう。

仔羊のカレーソース
Curry d'agneau

独特の香りがある仔羊とカレーの風味が好相性。スパイシーな香りの中に
りんごの甘みやトマトの酸味がほのかに感じられ、食欲がそそられます。
はちみつとヨーグルトが隠し味になっていて、マイルドでやさしい味わい。
仔羊の代わりに鶏のもも肉で作るのもおすすめです。

> カレーのソースで絡めた仔羊を、
> サフランライスの横に添えて、
> シェフは自ら御木本さんにサーブした。
>
> ……出典……
> 「ぬけがらのカスレ」
> 『タルト・タタンの夢』

♠ 材料

5～6人分

仔羊肩肉…600g
塩、こしょう…各適量
薄力粉…適量
オリーブ油…適量
しょうが…3cm
玉ねぎ…1個
りんご…1個
トマト…2個
薄力粉…大さじ2
ターメリックパウダー…大さじ1
カレー粉…大さじ1
サフラン…ふたつまみ
水…1ℓ
ヨーグルト…100g
はちみつ…大さじ1
コリアンダーの葉…適量

[ターメリックライス]

タイ米…2カップ（400㎖）
水…2カップ
無塩バター…20g
ターメリックパウダー…小さじ1/2
塩…小さじ1/2

♣ 作り方

1 仔羊肉は5cm角に切り、両面に塩、こしょうをし、薄力粉をまぶす。フライパンにオリーブ油を熱し、仔羊肉の両面を焼き、焼き色がついたらバットに取り出す。

2 しょうが、玉ねぎ、りんごはみじん切りにし、トマトはざく切りにする。[1]のフライパンにしょうがを入れて炒め、続いて玉ねぎ、りんごを加えてしんなりするまで炒める。

3 薄力粉大さじ2、ターメリックパウダー、カレー粉、サフランを加えて炒め、[1]の仔羊、トマト、水を加える。沸騰したら弱めの中火にし、浮いたアクをとりながら1時間煮込む。

4 ヨーグルトをボウルに入れて混ぜ、なめらかにし、[3]のスープをお玉2杯分加えてよく混ぜ合わせ、フライパンに戻す。はちみつを加え、塩、こしょうで味をととのえる。

5 ターメリックライスを作る。米はさっと水で洗って鍋に入れる。水、バター、ターメリックパウダー、塩を入れてひと混ぜし、火にかける。沸騰したら弱火にして蓋をし、15分炊く。炊きあがった

ら火を止め、5分蒸らし、しゃもじで混ぜる。

＊鍋は香ばしく炊けるが、手軽に炊飯器で炊いてもよい。

6 器にターメリックライスと[4]を盛り、コリアンダーを飾る。

un petit conseil

鶏肉で作る場合は、
工程1で皮面から焼き、
香ばしい焼色をつけましょう。
煮込み時間は仔羊肩肉の
半分、30分でOKです。原作と
同じようにサフランライスに
する場合は、ターメリック
パウダーの代わりに
サフランふたつまみで。

鴨もも肉のポトフ

Pot au feu de cuisses de canard

ポトフはフランスの家庭料理として親しまれていて、牛すね肉と並び、鴨のもも肉もよく使われます。
マリネした骨付き肉を水からじっくり煮込むことで、滋味深い鴨だしのスープに。
三舟シェフが体調の悪い客にこのスープだけ飲ませたように、鴨と野菜の繊細で
上品な味が胃に沁み渡り、元気を引き出してくれます。

目の前に深いカップが置かれた。
中には、琥珀色の液体が満たされている。
—中略—
「あなたが注文されたポトフのスープです。
胃が落ち着くかもしれませんよ」

······ 出典 ······
「氷姫」
『ヴァン・ショーをあなたに』

♠ 材料

5人分

[マリネ]
骨付き鴨もも肉（1本約200g）※1…5本
塩…大さじ1
グラニュー糖…大さじ1

ブーケガルニ（ポワローの青い部分で、セ
　ロリの葉とパセリの茎を包み、たこ糸で
　縛ったもの）…1つ
水…1.5ℓ
セロリ※2…1本
ポワロー（または長ねぎ）※2…1本
にんじん…1本
かぶ…1個半
キャベツ…1/2個
じゃがいも（大）…1個
塩、こしょう…各適量
アニスシード（あれば）…適量

[付け合わせ]
サワークリーム…45mℓ
A
　赤玉ねぎ（みじん切り）…1/4個分
　コルニッション（みじん切り）…4個分
　パセリ（みじん切り）※2…大さじ2
　フルール・ド・セル（または岩塩）…適宜

※1　インターネットで購入するのが手軽。フラ
　　ンス産のほかハンガリー産が質がよくおす
　　すめ。羽毛がついていたらピンセットで抜
　　くか、ガスバーナーで焼く。鶏もも肉でも代
　　用可。

※2　セロリの葉、ポワローの青い部分、パセリの
　　茎はブーケガルニにする。

♣ 作り方

1 鴨肉は塩とグラニュー糖を混ぜたも
のを両面にすり込み、ラップをして
冷蔵庫で一晩おく。

2 [1]でマリネした鴨肉から出た水分
と塩を軽くキッチンペーパーでとる。
水を入れた鍋にブーケガルニとともに入
れ、ごく弱火で45分煮る。浮いたアクは
こまめにとる。

3 筋をとったセロリとポワローは食べ
やすい長さに切る。にんじんは横半
分に切ってから縦4等分する。かぶは葉
を2〜3cm残し、縦4等分にし、皮をむき、
葉の中の砂をよく洗う。キャベツは少し芯
を残して4〜6等分のくし切りにする。キ
ャベツはたこ糸をかけて結ぶと形が保て

る。じゃがいもは皮をむき、縦6等分に切
る。
＊にんじん、かぶ、じゃがいもは面取りすると
　仕上がりが美しい。

4 [2]の鍋にかぶ以外の野菜を入れ、
蓋をして1時間煮込む。じゃがいも
は火が通ったら取り出す。塩、こしょう、
アニスシードを加え、かぶを入れ、じゃ
がいもを戻す。かぶに火が通ったら火を
止める。

5 付け合わせを作る。赤玉ねぎを15分
ほど氷水にさらし、水気を絞りとる。
サワークリームと付け合わせのAを混ぜ
る。

6 器に盛る。キャベツのたこ糸は外す。
お好みでフルール・ド・セルや [5]
をつけながらいただく。

ベッコフ

Baeckeoffe

アルザス地方の名物料理であるベッコフは「パン屋のかまど」という意味。
かつて、マダムたちが肉と野菜を鍋に詰めてパン屋に預け、パン生地で蓋をしっかり閉じ、
かまどの残り火で煮込んでもらったのが起源だとか。フランス版肉じゃがという趣きで、
鍋ごとテーブルに出し、取り分けながらいただきます。

「どうぞ。この香りもごちそうですから」
シェフはその鍋を安倍さんの前に運んだ。
そしてゆっくりと蓋を開けた。
とたんに豊かな香りがあふれ出した。

…… 出典 ……
「コウノトリが運ぶもの」
『マカロンはマカロン』

♠ 材料

4〜6人分
[マリネ]
牛すね肉…200g
仔羊肩肉…200g
豚肩ロース肉…200g
塩、こしょう…各適量
白ワイン(辛口)…1本分(750㎖)
タイム…3枝
クローブ…5本
にんにく(粗みじん切り)…1かけ分
玉ねぎ(粗みじん切り)…1/4個分

[具材]
にんじん…1本
ポワロー※1…1本
玉ねぎ…1個
じゃがいも(メークイーン)
　…3個(約400g)
塩…小さじ1と1/2
こしょう…適量

[生地]※2
薄力粉…130g
水…適量

※1 ポワローはポロねぎとも。長ねぎ2本で代用可。
※2 ここでは陶器の鍋を使ってベッコフの雰囲気を味わいたい場合のレシピを紹介。陶器でなく、しっかり密閉できる鍋を使う場合は、生地の工程は省いてよい。

♣ 作り方

1 マリネを作る。牛肉、仔羊肉、豚肉は3〜4cm程度のひと口大に切り、ボウルに入れて塩、こしょうをふってもみ込む。白ワイン、タイム、クローブ、にんにく、玉ねぎを入れ、ラップをかけて冷蔵庫に一晩おく。

2 にんじんとポワローは1cm角に切り、ボウルに入れ、合わせておく。玉ねぎは薄切り、じゃがいもは厚さ5mmの輪切りにする。[1]をボウルにセットしたざるにあけ、水分をきる。マリネ液はとっておく。

3 オーブンで使える鍋に[2]の玉ねぎ半量を敷き、にんじんとポワローの半量をのせる。塩の半量とこしょうをふる。さらに肉(3種)の半量、じゃがいもの半量の順に重ねる。マリネで使ったタイム、クローブ、にんにくを適宜加える。

4 残りの[2]を[3]と同様の手順で重ねる。

5 薄力粉に水を少しずつ加えてこねる。耳たぶよりも少し硬めぐらいになったら、棒状に長くのばす。

6 [2]でとっておいたマリネ液を鍋で沸かし、[4]の鍋に注ぐ。具材が浸らなければ、熱湯(分量外)を具材が浸

かるまで注ぎ足す。鍋の口周囲(縁)に[5]の生地をぐるりとつけ、蓋を押しつけてしっかり密閉する。180℃に熱したオーブンで2時間煮込む。

7 焼けた生地をパン切りナイフなどを使ってやけどしないように注意して外す。

un petit conseil

マリネに使う白ワインは辛口であればなんでもよいのですが、アルザス地方のリースリングなどの品種を使ったものなら本格的。料理と合わせるなら、辛口の白ワインがおすすめです。

73

牛肉のドーブ

Daube de bœuf à la provençale

牛肉を赤ワインで煮込む、南フランスの郷土料理です。
ほろほろと煮くずれる牛肉に絡まるのは、濃厚ながらオレンジの風味と
トマトの酸味が爽やかなワインソース。
赤ワイン煮といえば、ブフ・ブルギニヨンが有名ですが、
オリーブとオレンジを使うのが南仏流。
テレビドラマでは、三舟シェフの思い出の味として登場します。

♠ 材料

5〜6人分

[マリネ]

牛すね肉…600〜720g
塩、こしょう…各適量
A
　玉ねぎ(薄切り)…1個
　オレンジの皮…1/2個分※1
　タイム※2…3〜4本
　黒こしょう(粒)…10粒
　赤ワイン…1本(720㎖)
オリーブ油…適量
マデラ酒(あれば)…50㎖
薄力粉…大さじ3
にんじん…1本
にんにく…1かけ
裏ごしトマト(パッサータ)…180g
ベーコンブロック…50g
黒オリーブ(種抜き)…9粒
オレンジの皮(すりおろし)…1/2個分※1

[付け合わせ]

オレンジ…1個※1
オリーブ油…適量
塩、こしょう…各適量
セルフィーユ…適量

※1 オレンジは表皮を半分すりおろしてから皮
　　をむき、実と皮に分けておく。皮は半分ず
　　つ牛肉のマリネ用とソース用にする。実は
　　飾りに使う。

※2 乾燥ハーブ小さじ1でも代用可。

♣ 作り方

1 牛肉は大きめの一口大に切り、塩、こしょうをしっかりふる。ボウルに入れ、Aをすべて加え、冷蔵庫で一晩おく。

2 ボウルから牛肉を取り出し、キッチンペーパーで水気をとる。別のボウルにざるをセットし、具材と赤ワインを分ける。オレンジの皮は取り除く。

3 フライパンにオリーブ油を熱し、[2]の牛肉を強火で焼き色がつくように両面焼く。マデラ酒があればふりかけ、水分をしっかりとばす。薄力粉をふり、軽く炒める。

4 オーブンで使える鍋に牛肉を移す。にんじんは皮をむき、斜め2cmに切る。にんにくはつぶす。

5 [3]のフライパンにオリーブ油少々を熱し、[2]の玉ねぎ、[4]のにんじん、にんにくを入れて炒める。[4]の鍋に入れ、[2]の赤ワイン、裏ごしトマトを加えて火にかけ、沸騰させる。あくをとり、オーブンペーパーで作った落とし蓋をして180℃に熱したオーブンで1時間半煮る。

6 ベーコンは短冊に切り、フライパンで炒める。オリーブは半分に切る。オーブンから出した鍋に入れ、直火で5分煮る。塩、こしょうで味をととのえる。

7 すりおろしたオレンジの皮は、[6]に加える。実はカルチエ切りし(p.15参照)、オリーブ油、塩、こしょうであえる。

8 器に盛り、オレンジの実とセルフィーユを飾り、仕上げにこしょうをかける。

ミロントン

Mironton

ハヤシライスの原型ともいわれているミロントン。フランスではポトフの残りを
ヴィネガーで味つけし直したリメイク料理として知られ、テレビドラマでは
〈パ・マル〉のまかないとして登場しました。玉ねぎの甘さやこっくりとした牛肉に、
ピクルスの酸味がほどよいアクセント。フライパンひとつで手軽に作れます。

♠ 材料

5人分

牛肉切り落とし…400g
塩…小さじ1と1/2
こしょう…適量

玉ねぎ…1個
にんじん…1本
サラダ油…適量
薄力粉…大さじ2
トマトペースト…大さじ1
ワインヴィネガー…80㎖
赤ワイン…200㎖
水…250㎖
塩、こしょう…各適量
はちみつ…大さじ2
マッシュルーム…1パック（約100g）
コルニッション（薄切り）…5本分
しょうが（みじん切り）…大さじ2
バター…15g
サワークリーム…適量
ディル…適宜

[バターライス]

ごはん（炊いたもの）…500g
バター…20g
にんにく（みじん切り）…1かけ
塩、こしょう…各適量
ディル（みじん切り）…大さじ1

♣ 作り方

1 玉ねぎ、にんじんは1cm角に切る。フライパンにサラダ油を熱し、玉ねぎとにんじんをしんなりするまで炒める。

2 牛肉は、塩、こしょうをふって下味をつける。[1]をフライパンの端に寄せ、空いたところに肉を入れる。あまり動かさずに強火で焼く。両面に焼き色がついたら中火にし、トマトペースト、薄力粉を加えて炒める。ワインヴィネガー、赤ワイン、水、はちみつ、塩、こしょうを加え、弱火で30分煮込む。

3 マッシュルームは3等分に切り、[2]に加えて5分ほど煮込む。仕上げに、コルニッションとしょうがが、バターを加え、塩、こしょうで味をととのえる。

4 バターライスを作る。フライパンにバターを熱し、にんにくを炒める。ごはんを加えて炒め、塩、こしょうをする。火をとめ、ディルを加えて混ぜる。

5 器にバターライスを盛り、[3]をかける。サワークリームを添え、お好みでディルを飾る。

> テレビドラマの5話で、
> スーシェフの志村さんが
> 作ったまかないとして登場。
> 志村さんの「自信作」は、
> 俳優陣にも好評で、
> 撮影後全員が
> 完食するほどでした。

フロマージュの楽しみ方
À savoir sur le fromage

　フランス人にとって、チーズは欠かせないもののひとつ。種類も豊富で、旬に合わせてさまざまなチーズを楽しみます。

　フランスでは、メイン料理を食べ終わったあとにチーズ（フロマージュ／fromage）がサーブされ、高級店ではワゴンに美しく盛られた何種類ものチーズから好みのものを好きなだけいただけます。ビストロでも大皿にチーズの盛り合わせが出てきます。

　　シェフに言わせれば、「フロマージュのないレストランなんて、香の物
　　がない懐石料理と同じ」ということだ。
　　　　……「オッソ・イラティをめぐる不和」『タルト・タタンの夢』

　コース料理では、メインのあとにデザートにするか、チーズにするかを選ぶという場合もよくあります。

　　「だからワインもそのために残してあるんだ」脇田さんは、そう言って
　　笑った。ぼくは急いで、厨房に入って、フロマージュのワゴンの準備を
　　はじめた。
　　　　……「オッソ・イラティをめぐる不和」『タルト・タタンの夢』

　チーズもまたワインとのマリアージュが楽しめます。デザートのようにカルヴァドスやシェリー、ポートワインのような食後酒とともにいただくのもおすすめです。

　また、ドライフルーツやジャム、ナッツ、はちみつなどを添えれば、デザートのようなマリアージュを楽しむことができます。

オッソ・イラティは、羊乳を原料とするハードタイプのチーズでバスク地方の名産。現地では黒さくらんぼのジャムと食べ合わせをする。ブラックベリーやブルーベリーなどのジャムとも相性がよい。

デザート

Desserts

「デザートがないと食事が終わらない」といわれるほど、
フランス人は甘いものが大好きです。
ここでは、〈パ・マル〉の謎解きに登場したデザートをはじめ、
フランスで長く愛されている伝統的なお菓子を紹介します。

コンポート

Compote de pêches / Compote d'ananas

コンポートはフルーツをシロップで煮て作る、フランスの伝統的な保存法。
果肉とシロップがほんのりピンクに色づくレモングラス風味の桃と、
バニラ風味のパイナップルの2種を紹介します。
甘さが足りなかったり、食べきれなかったりしたフルーツをコンポートにするのもおすすめです。

デザートは白桃のコンポート、
しかも、冷やさずに
あたたかいソースをかけて。

……出典……
「タルト・タタンの夢」
『タルト・タタンの夢』

♠ **材料**

各4〜5人分

○**桃のコンポート**

桃…正味400g
グラニュー糖…150g
水…240㎖
レモングラス※1…5本
※1 乾燥レモングラスで代用する場合は大さじ
　　2をティーバッグに入れて使用。

○**パイナップルのコンポート**

カットパイン（生）…400g
グラニュー糖…150g
水…240㎖
バニラビーンズ…1本

♣ **作り方**

○**桃のコンポート**

1 桃は半分に切り、種をとり、皮をむく。

2 鍋にグラニュー糖、水、レモングラスを入れて沸かす。

3 沸騰したら桃を入れ、再度沸騰してから3分煮る。このとき、むいた皮を入れるとシロップがピンクに近づく。粗熱がとれたら、冷蔵庫で冷やす。お好みで食べやすい大きさにカットして器に盛る。

○**パイナップルのコンポート**

1 バニラビーンズは縦半分に切り、さやから種を包丁でこそげとる。

2 鍋にグラニュー糖、水、バニラビーンズのさやと種を入れて沸かす。

3 沸騰したらカットパインを入れ、再度沸騰してから3分煮る。粗熱がとれたら、冷蔵庫で冷やす。

un petit conseil

余ったシロップは
ゼラチンを入れて
ゼリーにしたり、
炭酸水で割って飲んだりと
アレンジできます。

イル・フロタント
Île flottante

フランスにはメレンゲを使ったお菓子がいくつかあります。
これは卵と牛乳で作る古典的デザートで、フランスの家庭菓子の代表的なもののひとつ。
クレーム・アングレーズに浮かべたメレンゲを島に見立て、「浮島」という名前がついています。
素朴なおばあちゃんのお菓子というイメージですが、ビストロ風にアレンジを。

♠ 材料

5〜6人分
卵…2個
グラニュー糖
　…メレンゲ用20g、ソース用20g
塩…ひとつまみ
バニラビーンズ…1/2本
牛乳…200mℓ

[キャラメル]
グラニュー糖…30g
水…大さじ2＋大さじ1

[ベリージャム]
冷凍ベリーミックス…50g
グラニュー糖…大さじ1

[仕上げ]
アーモンドダイス…大さじ2
オレンジの皮（すりおろし）、ミント…適量

♣ 作り方

1 卵を卵黄と卵白に分ける。アーモンドダイスはフライパンで香ばしく乾煎りする。

2 卵白、塩をボウルに入れて泡だて、グラニュー糖（20g）を2回に分けて加え、しっかりしたメレンゲにする。平らな器にオーブンペーパーを敷き、メレンゲをスプーンですくって置く。電子レンジで約40秒加熱する。冷蔵庫で冷やす。

3 ソース（クレーム・アングレーズ）を作る。バニラビーンズは縦半分に切り、さやから種を包丁でこそげとる。鍋に牛乳、さや、種を入れて沸かす。

4 卵黄とグラニュー糖（20g）をボウルに入れ、泡立て器で白っぽくなるまでよく混ぜ、[3]を加えて混ぜる。鍋に戻し、木べらで鍋底を丁寧にかき混ぜながら弱火で煮る。とろみがついてきたらボウルに移し、氷水で冷やす。

5 キャラメルを作る。鍋にグラニュー糖と水（大さじ2）を入れて火にかけ、キャラメル色になったら火をとめる。色どめに水（大さじ1）を加える。

6 ベリージャムを作る。耐熱ボウルにベリーミックスとグラニュー糖を入れて混ぜ、電子レンジで1〜2分加熱する。冷蔵庫で冷やす。

7 器に[4]のソースを流し入れ、[2]のメレンゲを浮かせる。メレンゲの上にオレンジの皮とアーモンドダイスをのせ、キャラメルをかける。ベリージャム、ミントを飾る。
＊キャラメルが固まっていたら軽く温め直すとよい。

タルト・オ・ショコラ
Tarte au chocolat

濃厚なガナッシュを口に含んだとたん、アールグレイのフレーバーが
ほのかに広がる大人のタルト。さらに、口溶けがよいチョコレートを
タルト生地に混ぜ込んだゆずが引き立てます。
タルト生地にガナッシュを流し、冷やし固めて作るので、
オーブンを使わず手軽に作れるのもうれしい。

> 「赤い実を添えた
> タルト・オ・ショコラです」
> 紳士ははっと
> 我に返ったような顔になった。
>
> ……出典……
> 「ムッシュ・パピヨンに伝言を」
> 『マカロンはマカロン』

♠ 材料

直径15cmの型（底板が抜けるもの）1台分
[土台]
市販のビスケット※1…60g
塩…小さじ1/3
無塩バター…40g
ゆずの皮（すりおろし）※2…小さじ2

[ケーキ]
生クリーム（乳脂肪分36％）…150㎖
アールグレイのティーバッグ…3袋
ミルクチョコレート※3…150g
無塩バター…20g

[仕上げ]
純ココアパウダー…適量

※1 ビスケットはマリー（森永製菓）を使用。く
　　せの少ないものがおすすめ。
※2 ゆずは、青ゆずやレモン、ライムなどを使っ
　　てもよい。
※3 市販の板チョコレートでよい。

♣ 作り方

1 オーブンペーパーを型に合わせてカットし、型に敷く。ポリ袋を二重にし、ビスケットを入れる。めん棒で叩き、細かくしたら塩を加え、もむようにして混ぜる。

2 無塩バター（40g）を電子レンジで30秒〜1分加熱して溶かす。ゆずの皮を入れて混ぜ、[1]の袋に加え、もむようにして混ぜる。型に入れ、スプーンで押しながら固く敷き詰める。冷蔵庫で冷やす。

3 耐熱ボウルに生クリーム、ティーバッグを入れ、ラップをかけて電子レンジで1分半〜2分、熱くなるまで加熱する。ティーバッグはゴムベラなどで押し、茶葉のエキスをしっかり出したら取り除く。

4 細かく刻んだミルクチョコレート、小さく切り分けたバター（20g）を[3]に加え、ゴムベラでなめらかになるまで混ぜ、溶かす。

5 冷蔵庫から型を出し、[4]を流し入れる。トントンと軽く型を作業台に当てて空気を抜く。冷蔵庫に入れて一晩冷やし固める。

6 型から外し、茶こしを使ってココアパウダーをふりかける。お好みでフランボワーズ（分量外）を添える。

マカロン・ダミアン
Macarons d'Amiens

フランスは地方によってさまざまなマカロンがあり、
多くはアーモンドパウダーを使った素朴な焼き菓子です。
このマカロン・ダミアンは北フランスにあるアミアンという町のもの。
はちみつやアプリコットジャムを使っていて、表面はカリッと、
中はしっとりねちっとした食感が特徴です。

> フランスのお菓子にしてはバターを感じない。
> 素朴な分、アーモンドの香りが強い。
> ―中略―
> これは日本人にも好まれる味だ。
>
> ……出典……
> 「マカロンはマカロン」
> 『マカロンはマカロン』

♠ 材料

30個分
アーモンドパウダー…125g
グラニュー糖…80g
はちみつ…大さじ1
卵…1個
アプリコットジャム…大さじ1
アーモンドエッセンス…2～3滴
薄力粉 (打ち粉用)…少々

♣ 作り方

1 ボウルにアーモンドパウダー、グラニュー糖、はちみつを入れてゴムベラで混ぜる。

2 卵を溶き、[1] に3回に分けて加え、よく混ぜる。アプリコットジャム、アーモンドエッセンスを加え、さらに混ぜる。

3 生地を2つに分け、作業台で軽く打ち粉をしながら直径2cmの棒状にそれぞれのばす。ラップをして冷凍庫で15分ほど冷やす。

4 冷凍庫から生地を出し、包丁で15等分に切る。手で手早く丸め、少し平たくなるように整える。オーブンペーパーを敷いた天板に並べ、180℃に熱したオーブンで14～15分焼く。

un petit conseil

日本でよく見かける、ジャムやクリームをはさんだカラフルなものは「マカロン・パリジャン」といいます。

テレビドラマの第4話で登場したマカロン。

フラン・パティシエ

Flan pâtissier

パティスリーだけでなく、ブーランジュリーでもよく見かける
フランスの伝統的なお菓子です。
フランス版のカスタードタルトで家庭でもよく作られます。
卵と牛乳の優しい味わいとなめらかな口当たりが飽きのこない一品。
主な材料は冷蔵庫に常備してあるものなので、
思い立ったらいつでもできる手軽さも魅力です。

♠ 材料

直径20cmの型（底板が抜けるもの）1台分
[タルト生地]
薄力粉… 160g
無塩バター… 120g
A
　牛乳… 30g
　卵黄… 1/2個分
　グラニュー糖… 10g
　塩… 小さじ1（5g）

[フラン生地]
牛乳… 330㎖
バニラビーンズ… 1/2本
卵黄… 3個分
コーンスターチ… 25g
グラニュー糖… 50g
塩… ひとつまみ
無塩バター… 10g

[仕上げ]
アプリコットジャム… 大さじ1
水… 大さじ1

♣ 作り方

1 タルト生地を作る。無塩バターを1.5cm角に切る。薄力粉とバターをフードプロセッサーに入れ、冷凍庫で10分冷やす。冷えたらフードプロセッサーでサラサラになるように混ぜる。ボウルにAを入れて混ぜ、フードプロセッサーに加え、ひとまとまりになるまで混ぜる。生地がまとまったら、手で丸め、少し平たくしてラップに包み、冷蔵庫で20分休ませる。

2 冷蔵庫から[1]の生地を出し、厚さ5mmになるようにのばし、型に敷く。常温に1時間おいたら、フォークで生地の底にまんべんなく穴をあける。型に合わせてカットしたオーブンペーパーを生地にのせ、製菓用の重石をして180℃に熱したオーブンで20分、重石をとって10分焼く。
＊重石の代用に生米や大豆を袋に入れて使ってもよい。

3 フラン生地を作る。バニラビーンズは縦半分に切り、さやから種を包丁でこそげとる。ボウルに卵黄、コーンスターチ、グラニュー糖を入れてよく混ぜる。

4 鍋に牛乳とバニラビーンズのさやと種を入れて沸かし、[3]のボウルに入れてよく混ぜる。鍋に戻し、泡立て器で混ぜながらボコボコと沸騰するまで加熱する。塩、バターを加えて混ぜる。

5 タルト生地の上に[4]を流し入れる。250℃に熱したオーブンで10分ほど焼いて焦げ目をつける。

6 粗熱をとり、冷蔵庫で冷やす。アプリコットジャムと水を加えたものを電子レンジで30秒〜1分加熱し、フランの上にハケで塗る。

タルト・タタン

Tarte tatin

つややかな飴色が美しいタルト・タタンは、フランスの代表的なデザートのひとつ。
キャラメリゼしたりんごをタルト型に敷き詰め、タルト生地をかぶせて焼き上げるタルト・タタン。
最後に上下をひっくり返して取り出します。
原作でも謎解きの鍵となった独特の調理法、ぜひ試してみて。

三舟シェフの作るタルト・タタンは、
たしかにおいしかった。
―中略―
りんごの酸味とキャラメルのほろ苦い味が
渾然一体となって、うっとりするほどだ。

……出典……
「タルト・タタンの夢」
『タルト・タタンの夢』

♠ 材料

直径16cmのケーキ型（共底のもの）1台分
[タルト生地]
薄力粉…80g
無塩バター…60g
A
　牛乳…15g
　卵黄…1/2個分
　塩…小さじ1/3

[りんご煮]
りんご（紅玉）…10個
グラニュー糖…160g
バター…50g

[キャラメル]
グラニュー糖…40g
水…大さじ2

♣ 作り方

1 タルト生地を作る。無塩バターを1.5cm角に切る。薄力粉とバターをフードプロセッサーに入れ、冷凍庫で10分冷やす。冷えたらフードプロセッサーで混ぜ、サラサラにする。ボウルにAを入れて混ぜ、フードプロセッサーに加え、ひとまとまりになるまで混ぜる。生地がまとまったら、手で丸め、少し平たくしてラップに包み、冷蔵庫で20分休ませる。

2 冷蔵庫から[1]の生地を出し、厚さ5mmになるようにのばし、型の外径でくり抜き、冷蔵庫で冷やす。

3 りんごは6等分のくし切りにし、皮と芯をとる。2つのフライパン（または鍋）に半量ずつのりんご、バター、グラニュー糖をそれぞれ入れ、水分をとばすように中火で15分炒める。
＊半量ずつにするのは均等に火を入れるため。2回に分けて作業してもよい。

4 型の底にオーブンペーパーを敷く。小鍋にキャラメル用のグラニュー糖と水を入れ、中火にかける。濃いめのキャラメル色に煮詰まったら、一気に型に流し入れる。

5 キャラメルを流した型に[3]のりんごを全量、隙間なく並べる。180℃に熱したオーブンで1時間焼く。オーブン

から取り出し、粗熱をとる。[2]のタルト生地を上にのせ、180℃に熱したオーブンで40分〜1時間焼く。タルト生地が薄い茶色に焼けたらオーブンから取り出し、型に入れた状態で粗熱をとり、そのまま冷蔵庫で一晩冷やす。

6 器の上で型を返し、ガスバーナーで型の底側をあぶって型を外す。ガスバーナーがない場合は湯せんすると型を外しやすい。

un petit conseil

酸味のあるクレームフレッシュやバニラアイスクリームを添えていただくのもおすすめ。りんごは加熱しても形がくずれにくく、ほどよい酸味がキャラメルとよく合う紅玉を使いましょう。ない場合はふじでも代用できます。

ガレット・デ・ロワ
Galette des rois

フランスでは新年のお祝いに欠かせない伝統的なガレットです。中にフェーブと呼ばれる
陶製の人形を入れて焼き、フェーブを引き当てた人がその日、王様として祝福されます。
その名も「王様のお菓子」。
ザクッとしたパイの歯ざわりと濃厚なアーモンドクリームがシンプルながらリッチな味わいです。

> 目の前に置かれたのは、茶色の地味なパイだった。
> それを見た瞬間、麻美さんが目を輝かせた。
> 「まあ、ガレット・デ・ロワね」
>
> ……出典……
> 「ガレット・デ・ロワの秘密」
> 『タルト・タタンの夢』

♠ 材料

直径19cm（直径13cmの型使用）
冷凍パイシート（18cm角）※1…2枚
卵黄…1個分
水…大さじ2

［クレーム・ダマンド］
粉砂糖…30g
アーモンドパウダー…30g
薄力粉…小さじ1
無塩バター…30g
卵…1個（30g）
生クリーム…大さじ2
ラム酒…大さじ1
オレンジの皮（すりおろし）…小さじ1

［シロップ］
グラニュー糖…25g
水…20ml

※1　冷凍パイシートはベラミーズなど18cm角
　　のものを使用。

♣ 作り方

1 クレーム・ダマンドを作る。無塩バターと卵は常温に戻す。粉砂糖、アーモンドパウダー、薄力粉をフードプロセッサーで混ぜる。さらに、無塩バターと卵、生クリーム、ラム酒を加え、さらになめらかになるまで混ぜる。オレンジの皮を加え、ゴムベラで混ぜる。

2 直径13cmの型にラップを敷き、[1]を流し入れ、冷蔵庫に2時間以上入れ、冷やし固める。

3 パイシートは2枚とも厚さ3mmにのばし、冷蔵庫で冷やす。パイシート1枚に[2]のクレーム・ダマンドをのせる（フェーブを入れる場合はここで軽く押し込む）。周囲にハケで水をつけ、もう1枚をかぶせるように重ね、空気が入らないように周囲を指で押さえて2枚をつける。

4 直径19cmのボウルをかぶせて、余分に出たパイシートを包丁で切り取る。卵黄と水を混ぜ、照り用にハケで表面に薄く塗る。二度塗りしたら、ナイフで模様を描く。

5 180℃に熱したオーブンで40〜50分焼く。耐熱ボウルにシロップの材料を混ぜ、電子レンジで30秒〜1分加熱する。焼き上がったら熱いうちにシロップをハケで塗る。

スプーンでクレーム・ダマンドの周囲に1周線を描き、ナイフで12等分の線を引く。葉っぱの模様を描き、パイ生地の縁にフリルをつけるように線を入れる。中心に穴をあける。

un petit conseil

ガレットに描く模様には
月桂樹の葉、麦の穂、太陽、
ひまわりといったモチーフが
ありますが、こだわらず、
好きに入れてもかまいません。
ただ、破裂防止に中心に穴を
あけるのを忘れずに。フェーブを
入れるのに抵抗がある場合は、
アーモンドやドライフルーツ
などを入れましょう。

ビストロ・パ・マル スタッフ表
Personnel de ce bistro

そう広くはないオープンキッチンの店内で、常に顔をつき合わせて働く四人。
〈パ・マル〉の料理と、四人が作り出す「楽しく魅力的なテーブル」は、
胃袋だけでなく心も満足させてくれます。

シェフ（料理長）
三舟 忍
Mifune Shinobu

食通たちに一目置かれる腕利きの料理人。
寡黙で無愛想だがおせっかいな一面も

フランスの田舎を巡り、修行してきた
職人気質のシェフ。記憶力がずば抜けており、
ささいなことにも気づく。訪れた客の悩みや
抱えている問題を解決していく名探偵でもある。

……西島秀俊……

今回のドラマでは、小川先生に本当にお世話になりました。推理のきっかけとなる料理だけでなく、ドラマオリジナルの素敵な料理の数々を考案していただきました。味だけでなく色彩も魅力的な先生の料理は、そのシーンを豊かにし、撮影に臨む僕たちに活力を与えてくれました。ぜひ先生のレシピでビストロ・パ・マルの味覚の世界をご堪能ください。

ギャルソン（給仕）
高築智行
Takatsuki Tomoyuki

素直でお客思いの新人ギャルソン。
料理だけでなく人間模様も同時進行で勉強中

ドラマの語り部。元は客だったが、三舟に誘われて
ギャルソンになる。店一番の新人で人当たりはいいが、
性格の軽さは三舟に見抜かれている。
じつはある才能を秘めていて……。

……濱田 岳……

ドラマのキャラクター達、そして撮影現場の僕自身も、小川さんの、美味しく、暖かみにあふれるフランス料理に、心を豊かにしてもらい、料理の持つ力を改めて教えていただきました。気持ちが疲れたとき、ビストロ・パ・マルの料理などはいかがでしょうか。

スーシェフ（副料理長）
志村洋二
Shimura Yoji

正統派フレンチで経験を積んだ料理人。
強面で気が短いが、ナイーブで恐妻家

高級ホテルのメインダイニングでスーシェフまで務めた人物だが、
ビストロ・パ・マルがオープンする際、尊敬する三舟のもとで
働くことを望み、自ら懇願してスーシェフに。

…… 神尾 佑 ……

小川奈々さんの作るフレンチは気取らず気軽で、もちろん美味しい。小川さんは「シェフは名探偵」の影の立役者。どの料理も作ってみたいけど、私のオススメは「ブイヤベース」。濃厚で美味しいのに、え？ そんな簡単でいいんですか！

ソムリエ
金子ゆき
Kaneko Yuki

俳句とワインを愛するソムリエ。
シェフの信頼も厚い、しっかり者

ワイン好きが高じてOLからソムリエになる。商店街の「俳句同好会」
に入るほど俳句好き。たまにお仲間のご老人たちも店に訪れ、
商店街とビストロの橋渡しに一役買っている。

…… 石井杏奈 ……

小川さんの著書を真似て私も作ってみましたが、どの料理もお洒落で、見ても食べても、楽しく美味しく幸せな気持ちをたくさんいただきました。撮影現場でいただいた「仔羊のカレーソース」の美味しさが忘れられません。この本で私も作ってみようと思います！ 小川さんの優しさと素敵な笑顔にまたお会いできる日を楽しみにしています。

オーナー 小倉大輔
Ogura Daisuke

飲食店をいくつも手がける若き青年実業家

〈パ・マル〉をはじめ飲食店を手広く展開する若き青年実業家だが、
フレンチに詳しい様子はなく、店のことにはほとんど口出ししない。
ファッションに無頓着でキックボードに乗って現れるなど、実業家に見えない。

…… 佐藤寛太 ……

「シェフは名探偵」の現場では、ご飯休憩中に小川先生の料理をキャスト、スタッフ陣に振る舞ってくださり、知っている料理から食べ慣れない料理までフランス料理をとても身近に感じられました。特に思い出深いのが、現場に居合わせなかった僕のために取り置きしてくださった「ハヤシライス」。トマトの酸味と玉ねぎのまろやかさ、とても美味しかったです！ 今回のレシピ本にはハヤシライスの原型のミロントンのレシピが載っているので、まずはそちらを挑戦させていただきます‼

著者

小川奈々

2003年渡仏。ル・コルドン・ブルー本校卒業。同校のアシスタントを経て、フランス外務省厨房、星付きレストランやビストロに勤務。パリ製菓学校ベル・エ・コンセイユ卒業。
2010年帰国し、料理教室「アトリエ・ルー・グルーズ」を主宰。企業のメニュー開発など多方面で活躍中。ドラマ「シェフは名探偵」の料理監修を務める。著書『パリの有名レストランを巡って辿り着いた　私の星付きビストロレシピ』(誠文堂新光社)がグルマン世界料理本大賞で世界準グランプリ受賞、2019年に仏国ユネスコ本部で特別展示される。他『フライパン1本30分でできるフレンチレシピ』(産業編集センター)などがある。
ホームページ　https://nana-ogawa.com

[ブック・スタッフ]

構成・編集	村松千絵(クリーシー)
デザイン	岡本洋平・川田詩桜(岡本デザイン室)
料理写真	松永直子
スタイリング	齋藤亜希
料理アシスタント	小山悠花　藤原真寿美
企画協力	近藤史恵/東京創元社編集部
撮影協力	中沢乳業　株式会社デニオ研究所　UTUWA

[ドラマ制作スタッフ]

原作	近藤史恵『タルト・タタンの夢』、『ヴァン・ショーをあなたに』、『マカロンはマカロン』(創元推理文庫刊)
監督	木村ひさし　瀧悠輔　向井澄
脚本	田中眞一　西条みつとし
チーフプロデューサー	阿部真士(テレビ東京)
プロデューサー	滝山直史(テレビ東京)長谷川晴彦(KADOKAWA)平体雄二(スタジオブルー)
メインビジュアル	Ani Watanabe
劇中スチール	水野嘉之
制作	テレビ東京/スタジオブルー
製作著作	「シェフは名探偵」製作委員会

ドラマ「シェフは名探偵」(原作:近藤史恵)公式レシピ・ブック

ビストロ・パ・マルのレシピ帖

2021年7月30日　　初版

発行者　　渋谷健太郎
発行所　　㈱東京創元社
　　　　　162-0814　東京都新宿区新小川町1−5
　　　　　電話　03・3268・8201(代)
　　　　　URL　http://www.tsogen.co.jp
精興社・加藤製本